100 FAKTEN

FRANZ BECKENBAUER

Die Lichtgestalt

Ganz sicher ist es keine Übertreibung zu sagen, Franz Beckenbauer sei die herausragende Persönlichkeit in der Geschichte des deutschen Fußballs. Über 60 Jahre lang prägte der Junge aus dem Münchener Arbeiterviertel Giesing Ansehen, Image und Bedeutung des deutschen Fußballs im In-, aber vor allem auch im Ausland. Der Name Beckenbauer ist weltweit ein Begriff. Er steht für ästhetisch hochwertigen, doch auch disziplinierten und ergebnisorientierten Fußballsport. Und er war das Bild eines anderen Deutschlands, als jenes, das sich noch 20 Jahre vor seinem Profi-Debüt im selbst entfesselten Krieg mit beinahe der ganzen Welt befand. Franz Beckenbauer war als Spieler und Trainer Lichtgestalt, Heilsbringer und Philosoph in einem. Ohne ihn hätte es kein Sommermärchen 2006 gegeben, keinen EM-Titel 1972 und keine WM-Siege 1974 und 1990. Dass selbst Götterliebling Franz doch nur ein Mensch war, zeigte sich in späteren Jahren, als ihn die Ungereimtheiten und Ermittlungen um die WM-Vergaben an Deutschland, Südafrika, Russland und Katar ins Zwielicht brachten. Krankheiten und der Krebstod seines Sohnes Stephan zeichneten ihn zudem in den letzten Lebensjahren.

Für mich wird er immer jener Franz Beckenbauer sein, den ich als Achtjähriger am Fernsehschirm zum ersten Mal bewusst wahrnahm: der Kaiser Franz des Halbfinales von 1970, der mit an die Schulter gebundenem rechten Arm die Niederlage mit der unerschütterlichen Würde eines verletzten und besiegten, aber nicht geschlagenen Feldherrn hinnahm.

Heinrich Lingner

INHALT

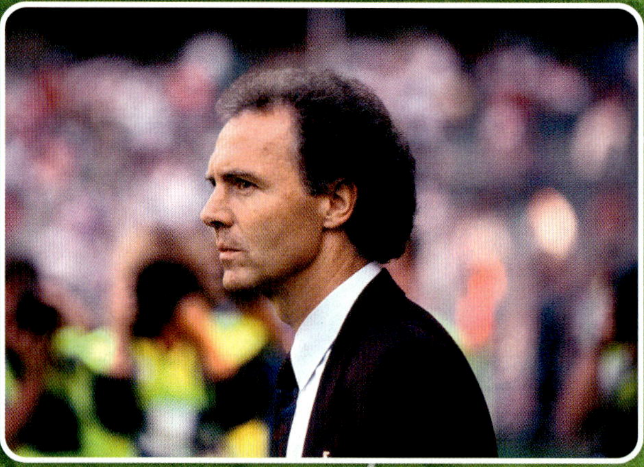

Impressum
Verlag:
HEEL Verlag GmbH
Pottscheidt 1
53639 Königswinter
Tel.: 02223 9230-0
Fax: 02223 9230-13
E-Mail: info@heel-verlag.de
www.heel-verlag.de

Herausgeber:
Franz-Christoph Heel

Autoren:
Wolfgang Gomoll
Heinrich Lingner

Bildbearbeitung:
Fred Klöpfel

Gestaltung:
Ralph Handmann

Covergestaltung:
Ralph Handmann

Herstellung:
Fred Klöpfel

Fotonachweis:
© IMAGO: Sportimage (U1), WEREK (U2), AFLOSPORT/Juha Tamminen (4), WEREK (5), Martin Hoffmann (6/7), FrankHoermann/SVEN SIMON (7), Fred Joch (8/9), Horstmüller (10/11), Pressefoto Baumann (12/13), Action Plus (14/15), Sven Simon (14), PanoramiC (16/17), WEREK (17), Chai v.d. Laage (18/19), Kosecki (20/21), Pressefoto Baumann (21), WEREK (22/23), Werner Schulze (24/25), Sven Simon (26/27), PanoramiC (28/29), Sven Simon (29), Norbert Schmidt (30/31), Sven Simon (33), Karina Hessland (34/35), Horstmüller (36/37), WEREK (38/39), Ulrich Wagner (40/41), Fred Joch (41), Fred Joch (42/43), Fred Joch (44/45), Kicker/Metelmann (46), Bernd Feil/M.i.S. (48/49), Smith (50/51), Ulmer (52/53), Fred Joch (54/55), WEREK (56/57), WEREK (58/59), UWE KRAFT (60/61), Fred Joch (61), WEREK (62/63), ActionPictures (64/65), Kicker/Liedel (66), Oliver Ruhnke (67), Horstmüller (68/69), Ulmer/Cremer (68), WEREK (70/71), WEREK (72/73), Avanti (73), MIS (74/75), WEREK (76/77), WEREK (77), Laci Perenyi (78/79), WEREK (80/81), Ferdi Hartung (80), Sven Simon (82), Sven Simon (U4)
© mauritius images: Alamy Stock Photos / Peregrine (74)

Vertrieb:
DVM Der Medienvertrieb GmbH & Co. KG
Meßberg 1, 20086 Hamburg
Tel.: 040 30191800
www.dermedienvertrieb.de

Druck:
Georg-Westermann-Allee 66
38104 Braunschweig

westermann DRUCK | pva

Datenschutzerklärung:
ds.heel-verlag.de

Gerichtsstand:
Königswinter

ISSN: 2941-8372
ISBN 978-3-96664-876-9

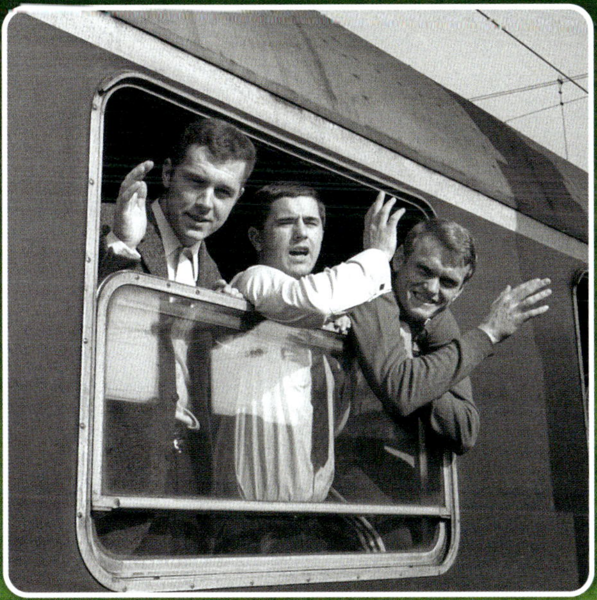

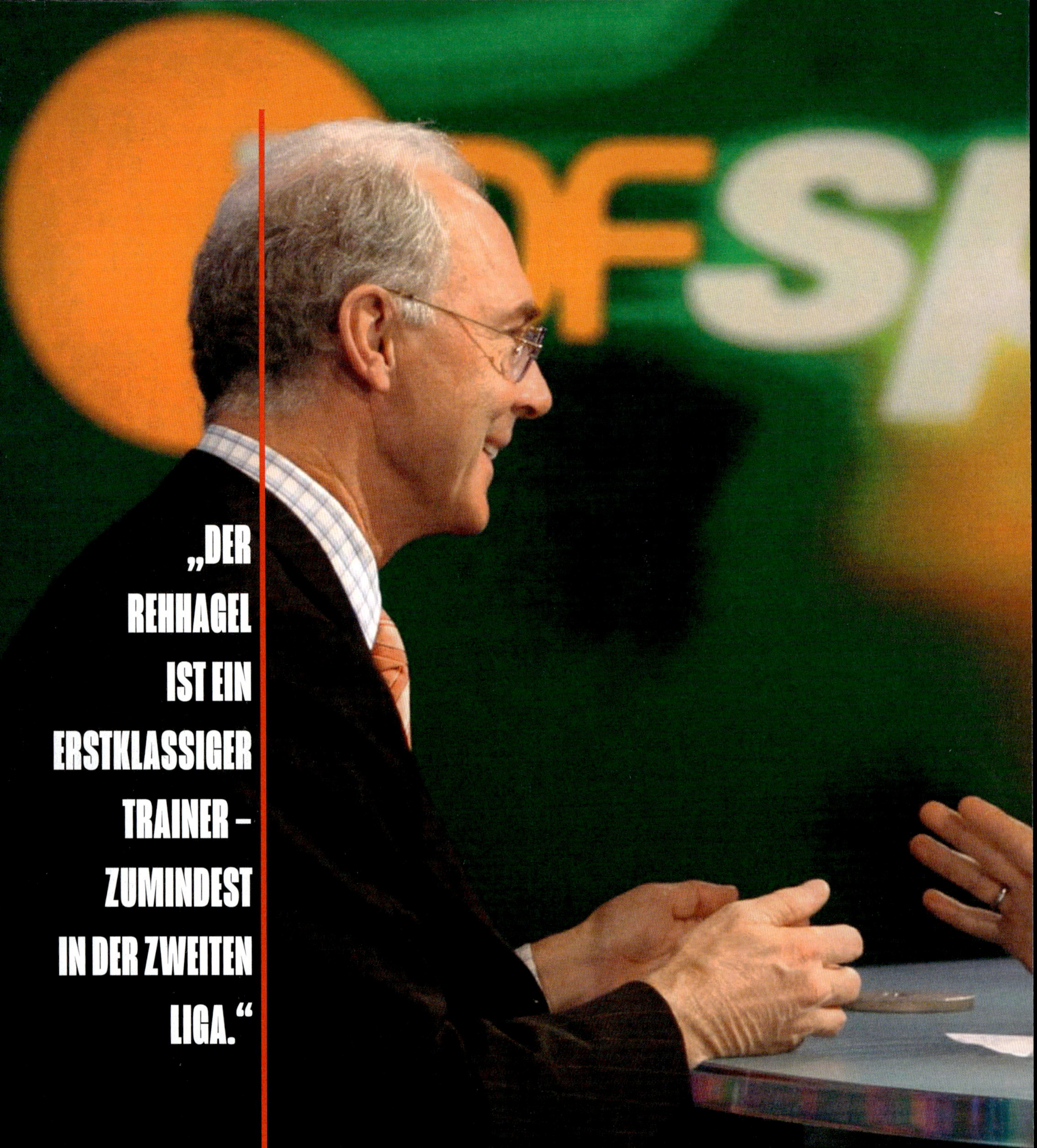

„DER REHHAGEL IST EIN ERSTKLASSIGER TRAINER – ZUMINDEST IN DER ZWEITEN LIGA.“

FAKT 1

AKTUELLES SPORTSTUDIO

Mit 56 Besuchen besetzt Franz Beckenbauer den ersten Platz als Rekordgast im samstäglichen Aktuellen Sportstudio des ZDF. Rudi Völler ist mit 40 Besuchen Zweiter in dieser Rangliste. Günter Netzer taucht in dieser Liste nicht auf. Dafür ist er dem Kaiser in einer anderen Liste voraus: Als erster traf er 1974 fünf Mal beim Torwandschießen, der sechste Versuch ging nur sehr knapp daneben. Beckenbauer traf nie mehr als vier Mal. Einmal davon lag der Ball auf einem vollen Weißbierglas. Beckenbauer kickte, ohne das Glas umzustoßen, ins Tor.

ALLIANZ ARENA

Die Errichtung der neuen Arena am nördlichen Stadtrand von München ab 2001 war Beckenbauer ein Herzensanliegen. Er hätte die Arena gern größer gebaut, für 100.000 Zuschauer, damit noch mehr Menschen Fußball schauen könnten, erzählte er später in Interviews. Der ursprüngliche Stadionpartner 1860 München wäre mit höheren Kosten jedoch überfordert gewesen, also blieb es bei maximal 75.024 Zuschauerplätzen. Seit der FC Bayern München 2006 die Anteile an der Stadiongesellschaft von 1860 München übernahm, ist er alleiniger Eigentümer der Arena. Errichtet wurde das Stadion übrigens auf einem Erbpacht-Grundstück der Stadt München. Der 90 Jahre laufende Erbpachtvertrag sieht unter anderem vor, dass die Arena ausschließlich für Fußball genutzt wird, Konzerte und ähnliche Großveranstaltungen bleiben dem Olympiastadion vorbehalten.

FAKT 2

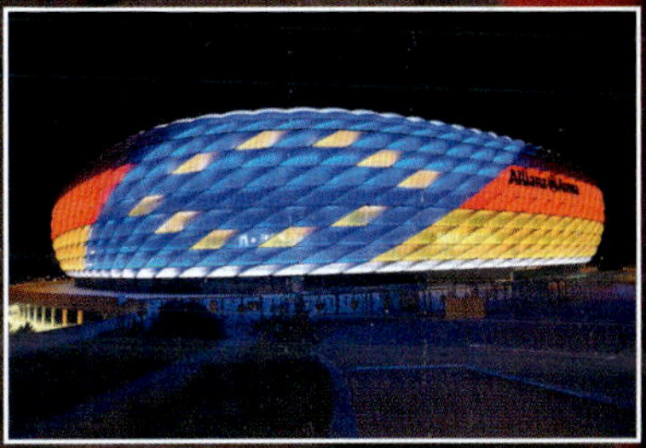

AUSGETEILT!

FAKT 3

Wenn es um seinen geliebten Fußball ging, packte Franz Beckenbauer gern die verbale Peitsche aus. „Der Rehhagel ist ein erstklassiger Trainer – zumindest in der zweiten Liga“, befand er einmal. Über die WM in Frankreich (1998) sagte er: „Es gab eine ganze Reihe von Spielen, die hätten nicht im Stadion stattfinden sollen, sondern auf dem Sandplatz nebenan.“ Sich selbst nahm er auch nicht so ernst: „Ich habe mal einen Stammbaum machen lassen: Die Wurzeln der Beckenbauers liegen in Franken. Das waren lustige Familien, alles uneheliche Kinder. Wir sind dabeigeblieben.“

FAKT 4

AUSSENRIST

Man mag es kaum glauben, aber Franz Beckenbauer hat nur zweimal das „Tor des Monats" der ARD-Sportschau erzielt. Im Februar 1972 jagt der Kaiser in der 114. Minute im DFB-Pokalspiel gegen Eintracht Braunschweig einen Hammer aus 25 Metern zum 3:1 wuchtig in die Maschen. Der zweite Treffer war das „Tor des Monats" März 1974 gegen den MSV Duisburg in der 23. Minute zum 0:1 (Endstand 0:4). Diesmal landet ein feiner Freistoß aus 21 Metern mit dem Außenrist im Winkel.

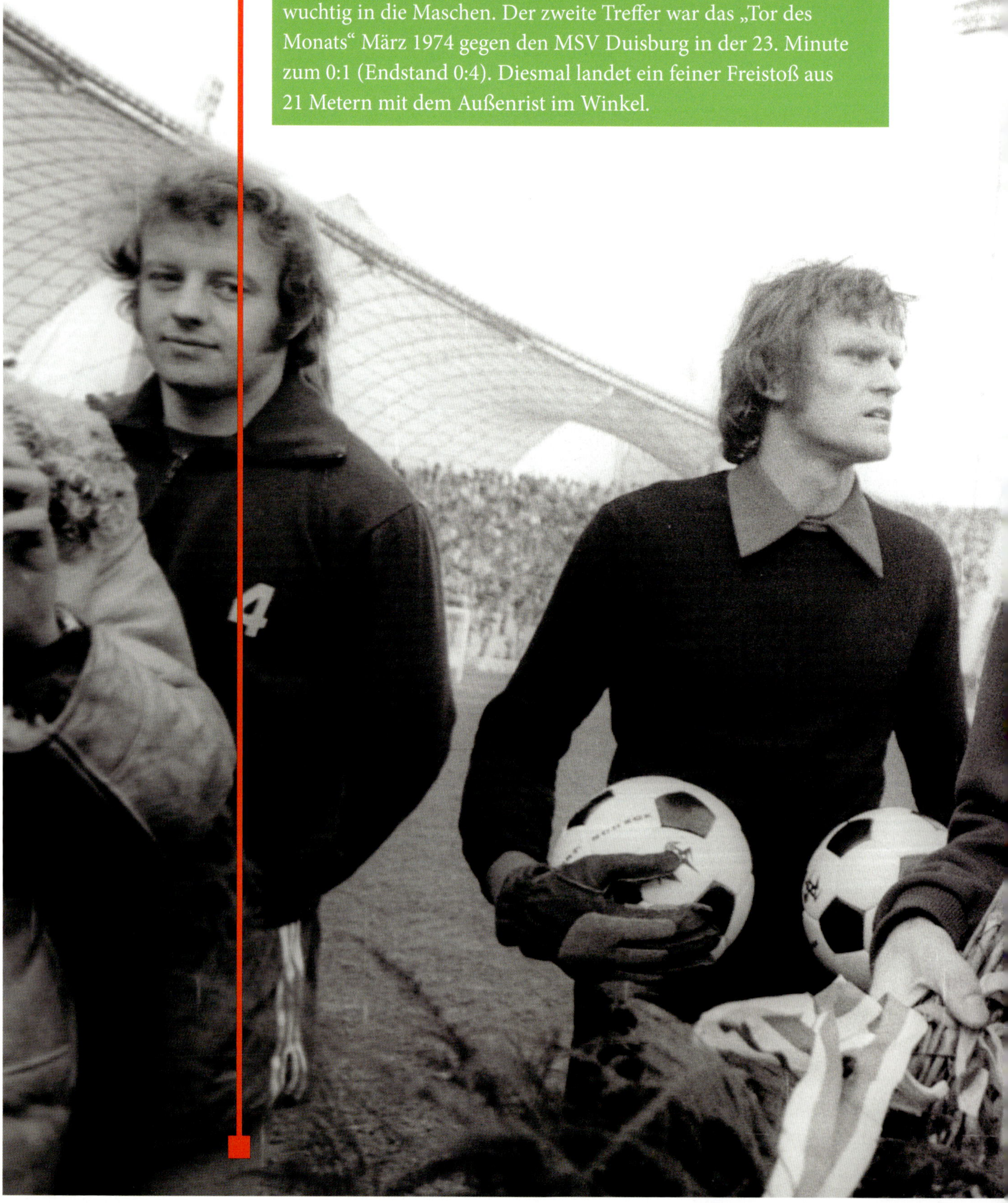

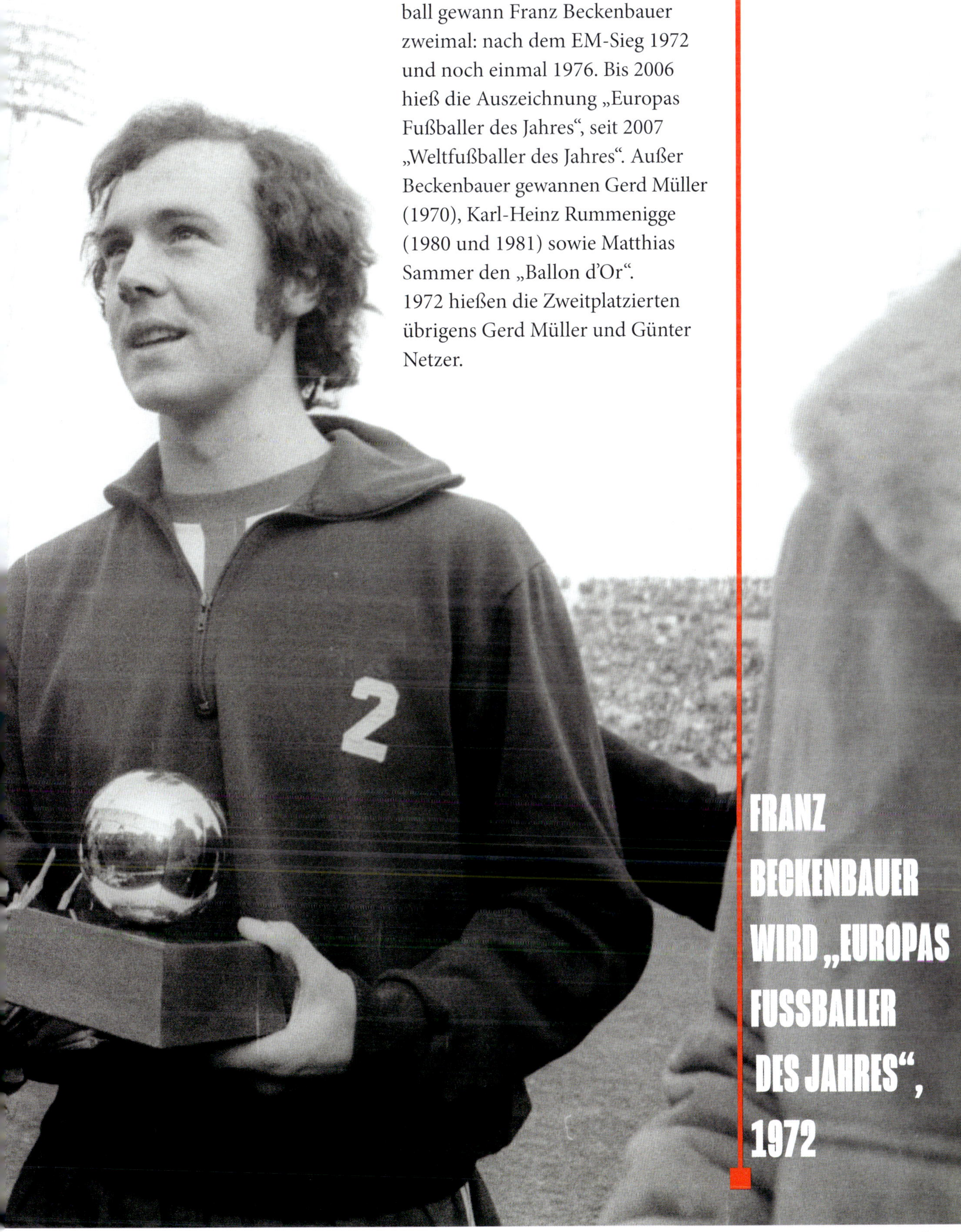

BALLON D'OR

FAKT 5

Die Auszeichnung des französischen Fachmagazins France Football gewann Franz Beckenbauer zweimal: nach dem EM-Sieg 1972 und noch einmal 1976. Bis 2006 hieß die Auszeichnung „Europas Fußballer des Jahres", seit 2007 „Weltfußballer des Jahres". Außer Beckenbauer gewannen Gerd Müller (1970), Karl-Heinz Rummenigge (1980 und 1981) sowie Matthias Sammer den „Ballon d'Or". 1972 hießen die Zweitplatzierten übrigens Gerd Müller und Günter Netzer.

FRANZ BECKENBAUER WIRD „EUROPAS FUSSBALLER DES JAHRES", 1972

FAKT 6

BAYERN-TRAINER 1

Während der Winterpause 1993/94 übernimmt Frank Beckenbauer das Traineramt vom glücklosen Erich Ribbeck. Da sind die Bayern bereits im DFB-Pokal gegen Dynamo Dresden und im UEFA-Cup gegen Norwich City ausgeschieden. In der Bundesligatabelle stehen sie auf Platz drei. Beckenbauer beendet Ribbecks Experimente mit der Viererkette und setzt Lothar Matthäus als Libero ein. Das erste Spiel mit Beckenbauer auf der Bank verlieren die Bayern noch zu Hause gegen den VfB Stuttgart. Darauf folgen Siege gegen den VfB Leipzig und den überraschenden Spitzenreiter MSV Duisburg.
Nach dem Sieg gegen Duisburg ist der FC Bayern Tabellenerster und bleibt es bis zum Schluss.

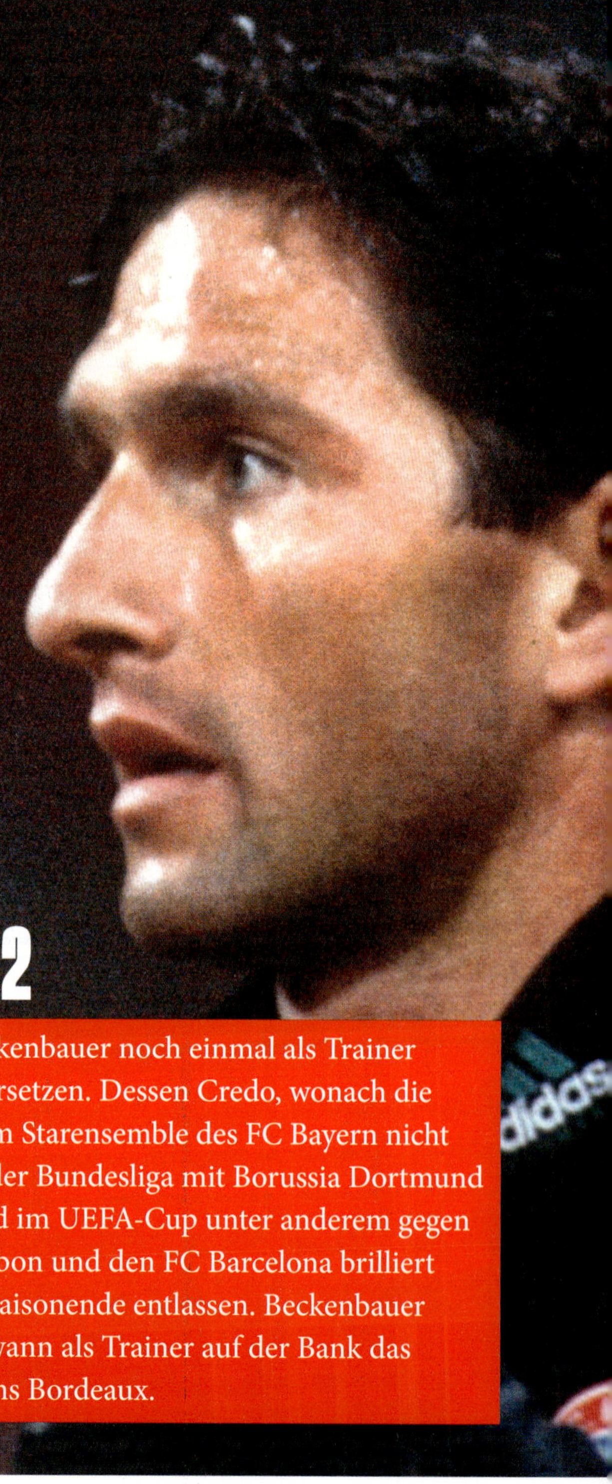

FAKT 7

BAYERN-TRAINER 2

Als Bayern-Präsident musste Beckenbauer noch einmal als Trainer einspringen und Otto Rehhagel ersetzen. Dessen Credo, wonach die Mannschaft der Star sei, kam beim Starensemble des FC Bayern nicht so gut an. Obwohl der Verein in der Bundesliga mit Borussia Dortmund um die Meisterschaft kämpfte und im UEFA-Cup unter anderem gegen Nottingham Forest, Benfica Lissabon und den FC Barcelona brilliert hatte, wurde Rehhagel noch vor Saisonende entlassen. Beckenbauer übernahm im April 1996 und gewann als Trainer auf der Bank das UEFA-Pokalfinale gegen Girondins Bordeaux.

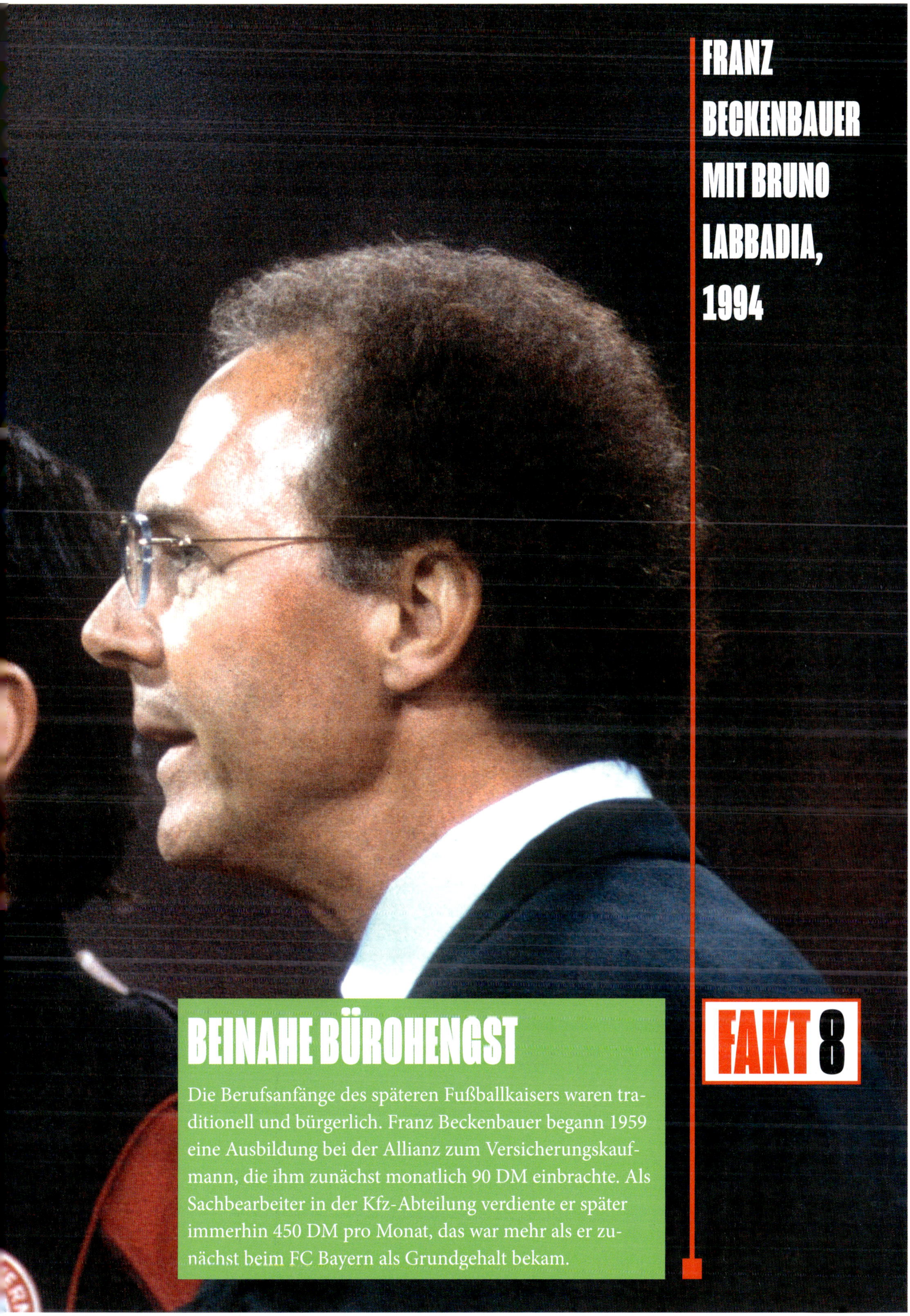

FRANZ BECKENBAUER MIT BRUNO LABBADIA, 1994

FAKT 8

BEINAHE BÜROHENGST

Die Berufsanfänge des späteren Fußballkaisers waren traditionell und bürgerlich. Franz Beckenbauer begann 1959 eine Ausbildung bei der Allianz zum Versicherungskaufmann, die ihm zunächst monatlich 90 DM einbrachte. Als Sachbearbeiter in der Kfz-Abteilung verdiente er später immerhin 450 DM pro Monat, das war mehr als er zunächst beim FC Bayern als Grundgehalt bekam.

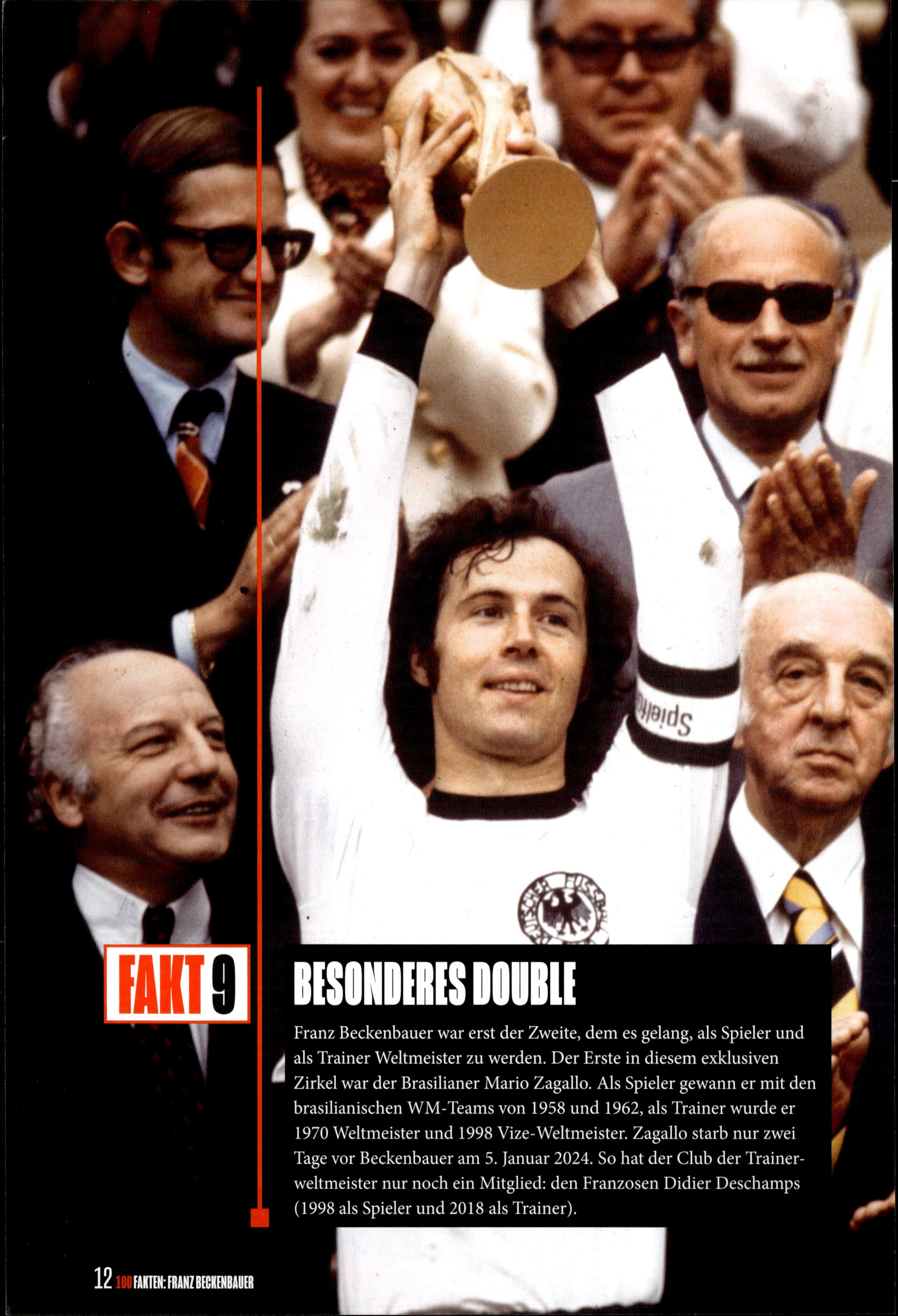

FAKT 9

BESONDERES DOUBLE

Franz Beckenbauer war erst der Zweite, dem es gelang, als Spieler und als Trainer Weltmeister zu werden. Der Erste in diesem exklusiven Zirkel war der Brasilianer Mario Zagallo. Als Spieler gewann er mit den brasilianischen WM-Teams von 1958 und 1962, als Trainer wurde er 1970 Weltmeister und 1998 Vize-Weltmeister. Zagallo starb nur zwei Tage vor Beckenbauer am 5. Januar 2024. So hat der Club der Trainerweltmeister nur noch ein Mitglied: den Franzosen Didier Deschamps (1998 als Spieler und 2018 als Trainer).

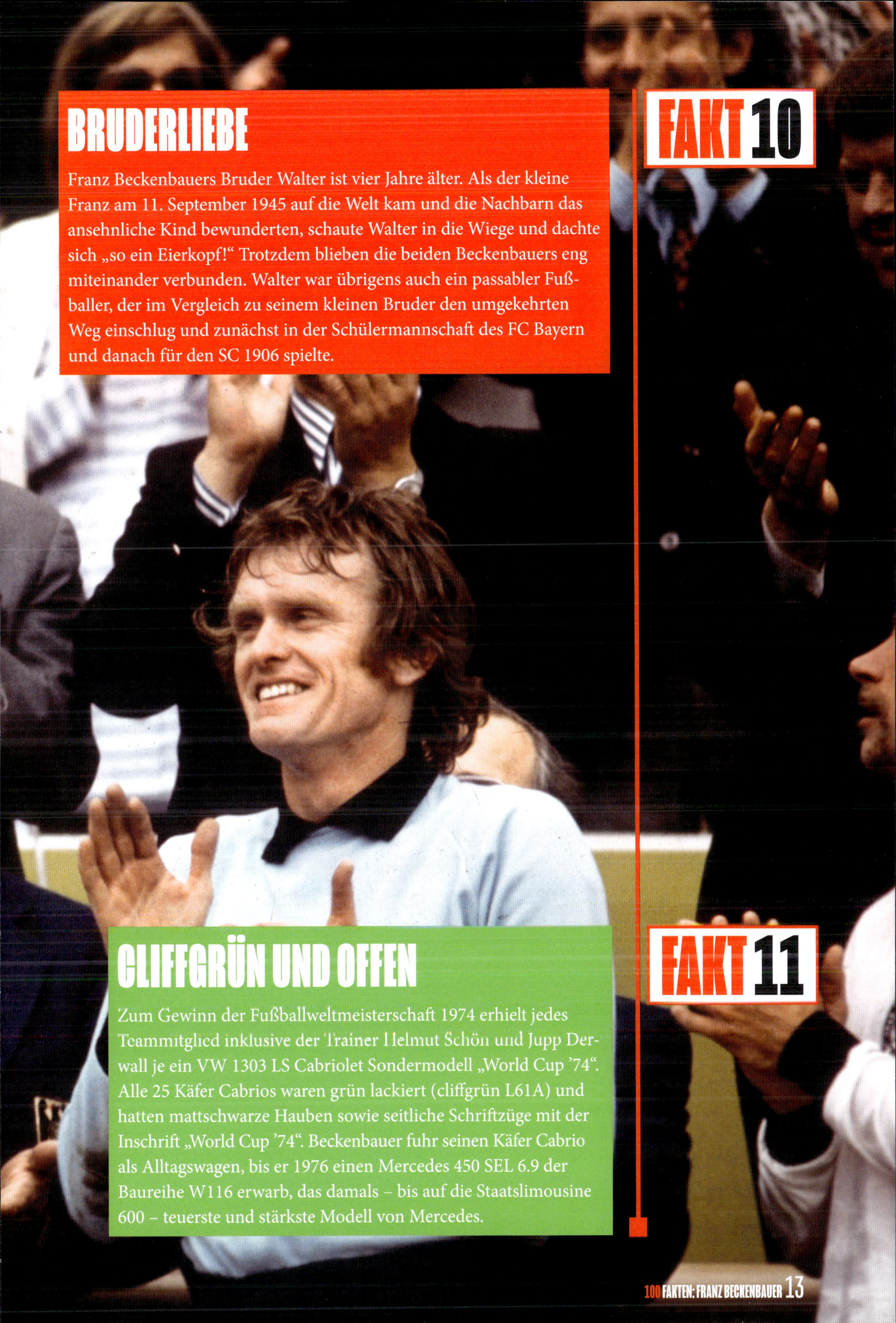

BRUDERLIEBE

FAKT 10

Franz Beckenbauers Bruder Walter ist vier Jahre älter. Als der kleine Franz am 11. September 1945 auf die Welt kam und die Nachbarn das ansehnliche Kind bewunderten, schaute Walter in die Wiege und dachte sich „so ein Eierkopf!" Trotzdem blieben die beiden Beckenbauers eng miteinander verbunden. Walter war übrigens auch ein passabler Fußballer, der im Vergleich zu seinem kleinen Bruder den umgekehrten Weg einschlug und zunächst in der Schülermannschaft des FC Bayern und danach für den SC 1906 spielte.

CLIFFGRÜN UND OFFEN

FAKT 11

Zum Gewinn der Fußballweltmeisterschaft 1974 erhielt jedes Teammitglied inklusive der Trainer Helmut Schön und Jupp Derwall je ein VW 1303 LS Cabriolet Sondermodell „World Cup '74". Alle 25 Käfer Cabrios waren grün lackiert (cliffgrün L61A) und hatten mattschwarze Hauben sowie seitliche Schriftzüge mit der Inschrift „World Cup '74". Beckenbauer fuhr seinen Käfer Cabrio als Alltagswagen, bis er 1976 einen Mercedes 450 SEL 6.9 der Baureihe W116 erwarb, das damals – bis auf die Staatslimousine 600 – teuerste und stärkste Modell von Mercedes.

FAKT 12

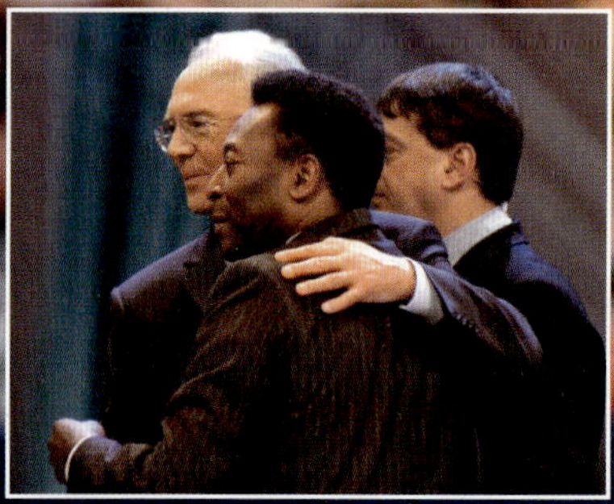

COSMOS-JAHRE

Gegen eine Rekord-Ablösesumme von zwei Millionen US-Dollar wechselt der Kaiser zum Ende der Saison 1976/77 zu den New York Cosmos. DFB-Präsident Herbert Neuberger bezeichnet die North American Soccer League verächtlich als Operetten-Liga. Bei Cosmos trifft Beckenbauer auf höchste Fußball-Prominenz: Pelé, Carlos Alberto und Giorgio Chinaglia spielen bereits in New York, später kommen unter anderem Johan Neeskens und Francisco Marinho dazu.

FAKT 13

DDR-SCHOCKSPIEL

Beinahe unweigerlich kommt der „Geist von Malente" zur Sprache, wenn von der WM 1974 die Rede ist. Das DFB-Team residierte in einer nüchternen Sportschule in der Holsteinischen Schweiz. Hier übernahm Kapitän Franz Beckenbauer in der Nacht nach der sensationellen 0:1-Niederlage gegen die DDR das Zepter. Er schwor seine Mitspieler auf das gemeinsame Ziel ein, Trainer Helmut Schön willigte ein, der Geist von Malente war geboren – im Übrigen ein entfernter Verwandter des Geistes von Spiez, der das Weltmeisterteam von 1954 beseelt hatte. Freilich gab es damals auch Stimmen, die behaupteten, die Vorrundenniederlage sei der bundesdeutschen Nationalelf gar nicht so ungelegen gekommen. So hießen die Gegner in der zweiten Finalrunde des 74er Turniers Jugoslawien (2:0), Schweden (4:2) und Polen (1:0). Bei einem Sieg gegen die DDR hätten sie gegen Argentinien, Brasilien und die Niederlande antreten müssen.

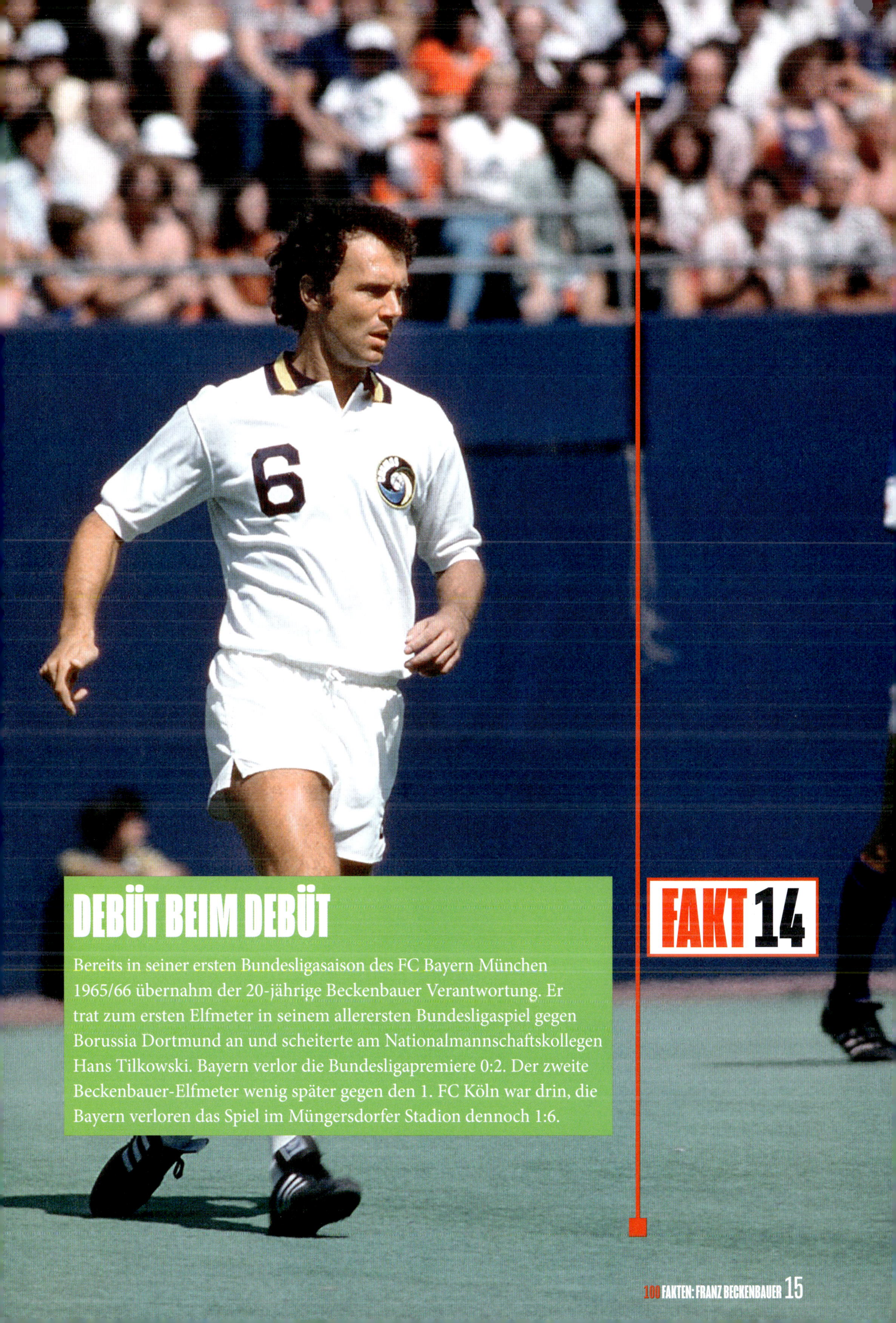

FAKT 14

DEBÜT BEIM DEBÜT

Bereits in seiner ersten Bundesligasaison des FC Bayern München 1965/66 übernahm der 20-jährige Beckenbauer Verantwortung. Er trat zum ersten Elfmeter in seinem allerersten Bundesligaspiel gegen Borussia Dortmund an und scheiterte am Nationalmannschaftskollegen Hans Tilkowski. Bayern verlor die Bundesligapremiere 0:2. Der zweite Beckenbauer-Elfmeter wenig später gegen den 1. FC Köln war drin, die Bayern verloren das Spiel im Müngersdorfer Stadion dennoch 1:6.

FAKT 15

„DEN KÖNNT IHR BLIND NEHMEN.“

Auch ein Jahrhundertfußballer und Weltmeistertrainer wie Franz Beckenbauer liegt nicht immer richtig. Im Sommer 1989 empfahl er dem damaligen Präsidenten des FC Nürnberg, den jugoslawischen Nationalspieler Vlado Kasalo von Dinamo Zagreb unter Vertrag zu nehmen. „Den könnt ihr blind nehmen“, soll der Teamchef der deutschen Fußballnationalmannschaft gesagt haben. 1,3 Millionen DM legte der FCN für Kasalo auf den Tisch, der bis dahin teuerste Einkauf der Club-Geschichte. Kasalo fiel danach in Nürnberg weniger durch gute Leistungen als durch Besuche von dubiosen Lokalen und Spielschulden auf. Nach zwei zweifelhaften Eigentoren kamen Gerüchte über verdächtige Verbindungen in Zockerkreise auf, die aber nie bewiesen wurden. Kasalo wurde später lediglich wegen Fahrens ohne Führerschein und illegalen Glückspiels verurteilt.

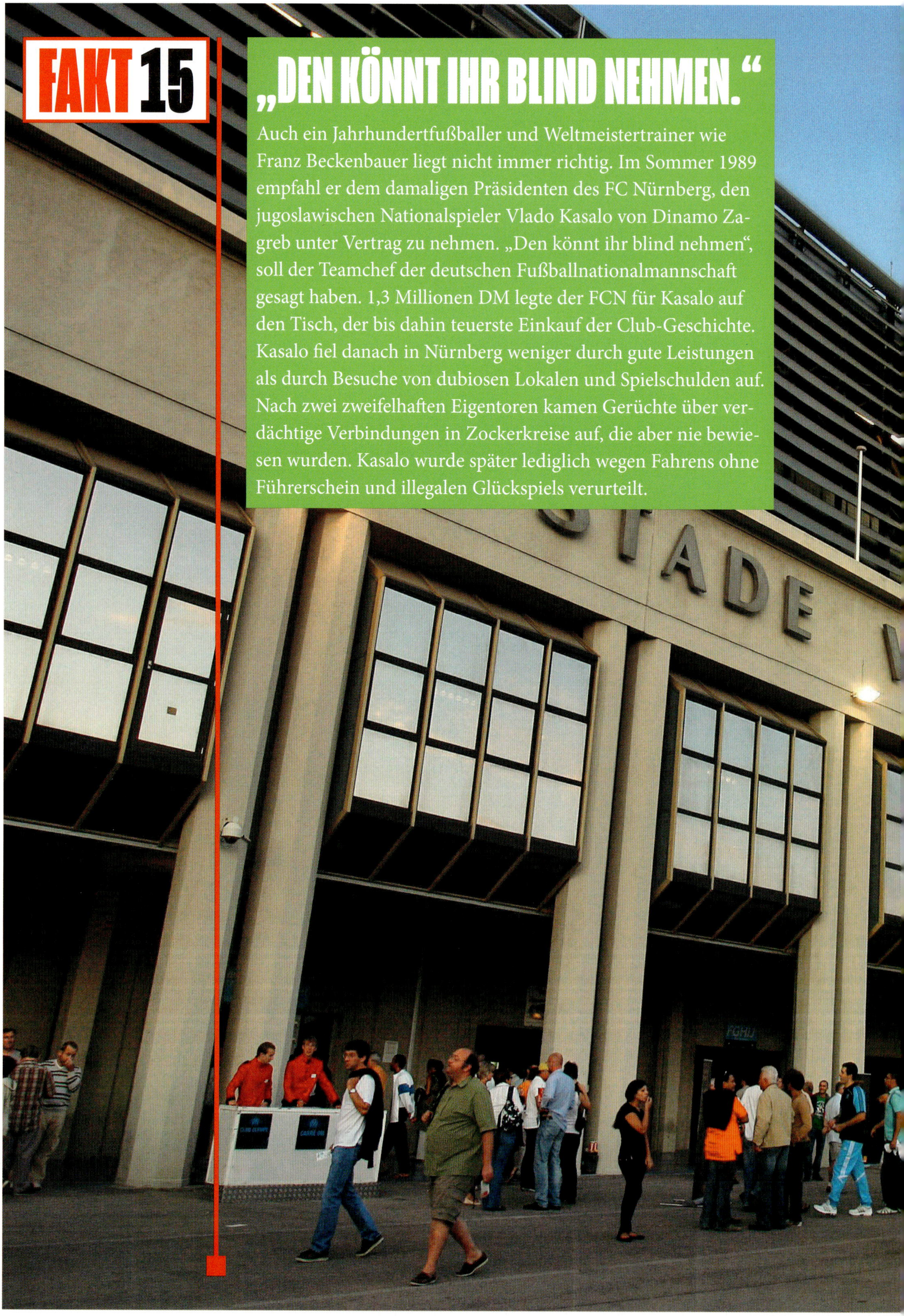

DIDIER DESCHAMPS

Der letzte lebende Spieler- und Trainerweltmeister Didier Deschamps ist ebenfalls ein großer Kaiser-Verehrer. „Franz Beckenbauer war vor allem ein Weltklassespieler, ein talentierter und souveräner Verteidiger. Er strahlte eine Klasse und eine Sicherheit aus, von der sich viele haben inspirieren lassen", sagte Deschamps nach Beckenbauers Tod. Bei Olympique Marseille haben sie sich knapp verpasst. Ausgerechnet in jener Saison, in der Beckenbauer in Marseille wirkte, spielte Deschamps für den Liga-Konkurrenten Girondins Bordeaux. 1991 kehrte er zu Olympique zurück.

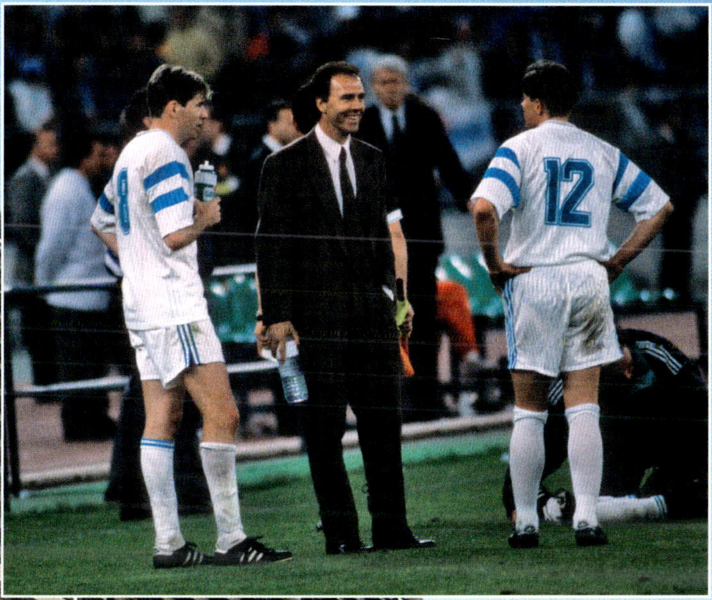

FAKT 16

FRANZ BECKENBAUER WAR VOR ALLEM EIN WELTKLASSESPIELER, EIN TALENTIERTER UND SOUVERÄNER VERTEIDIGER. ER STRAHLTE EINE KLASSE UND EINE SICHERHEIT AUS, VON DER SICH VIELE HABEN INSPIRIEREN LASSEN."

DIDIER DESCHAMPS

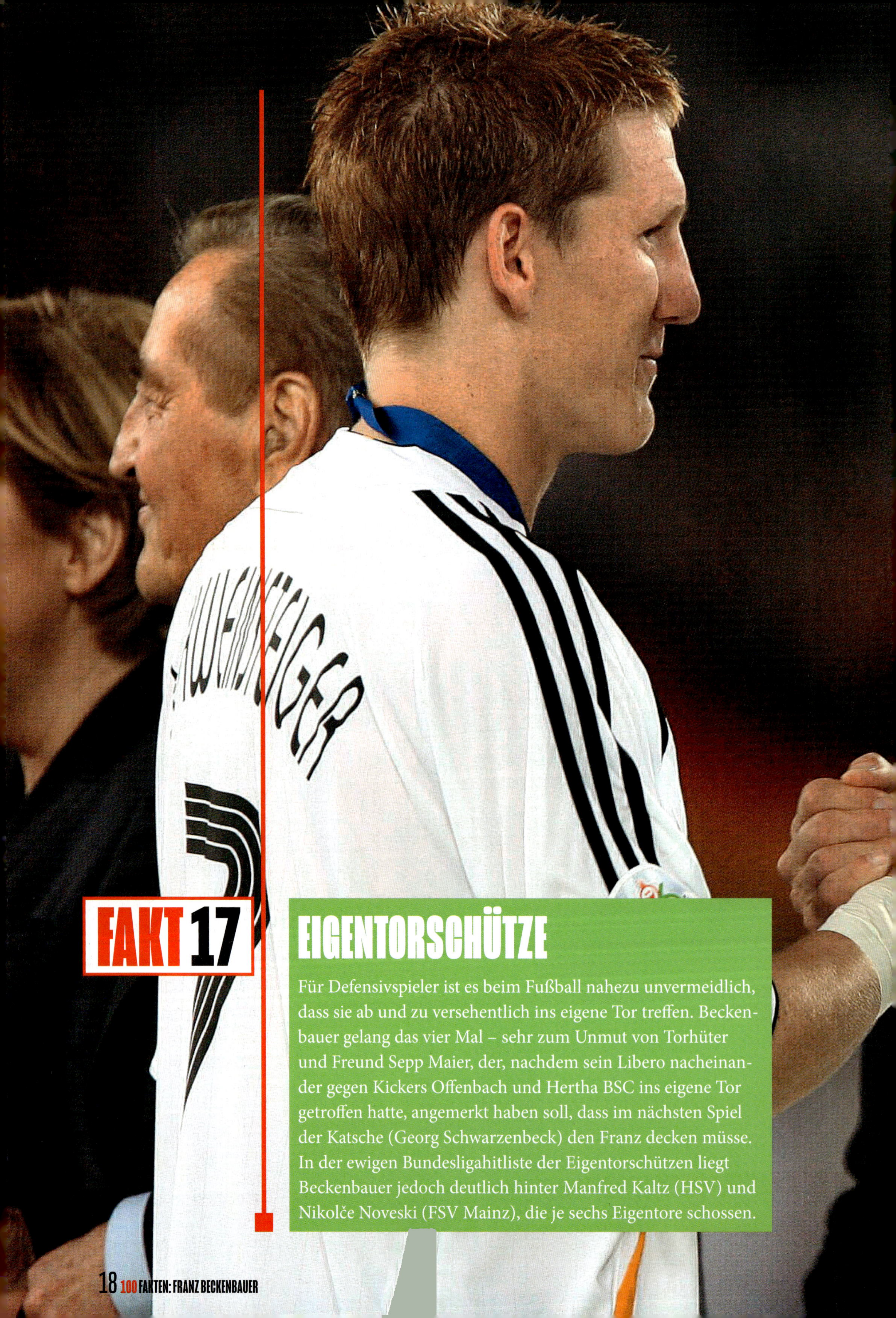

FAKT 17

EIGENTORSCHÜTZE

Für Defensivspieler ist es beim Fußball nahezu unvermeidlich, dass sie ab und zu versehentlich ins eigene Tor treffen. Beckenbauer gelang das vier Mal – sehr zum Unmut von Torhüter und Freund Sepp Maier, der, nachdem sein Libero nacheinander gegen Kickers Offenbach und Hertha BSC ins eigene Tor getroffen hatte, angemerkt haben soll, dass im nächsten Spiel der Katsche (Georg Schwarzenbeck) den Franz decken müsse. In der ewigen Bundesligahitliste der Eigentorschützen liegt Beckenbauer jedoch deutlich hinter Manfred Kaltz (HSV) und Nikolče Noveski (FSV Mainz), die je sechs Eigentore schossen.

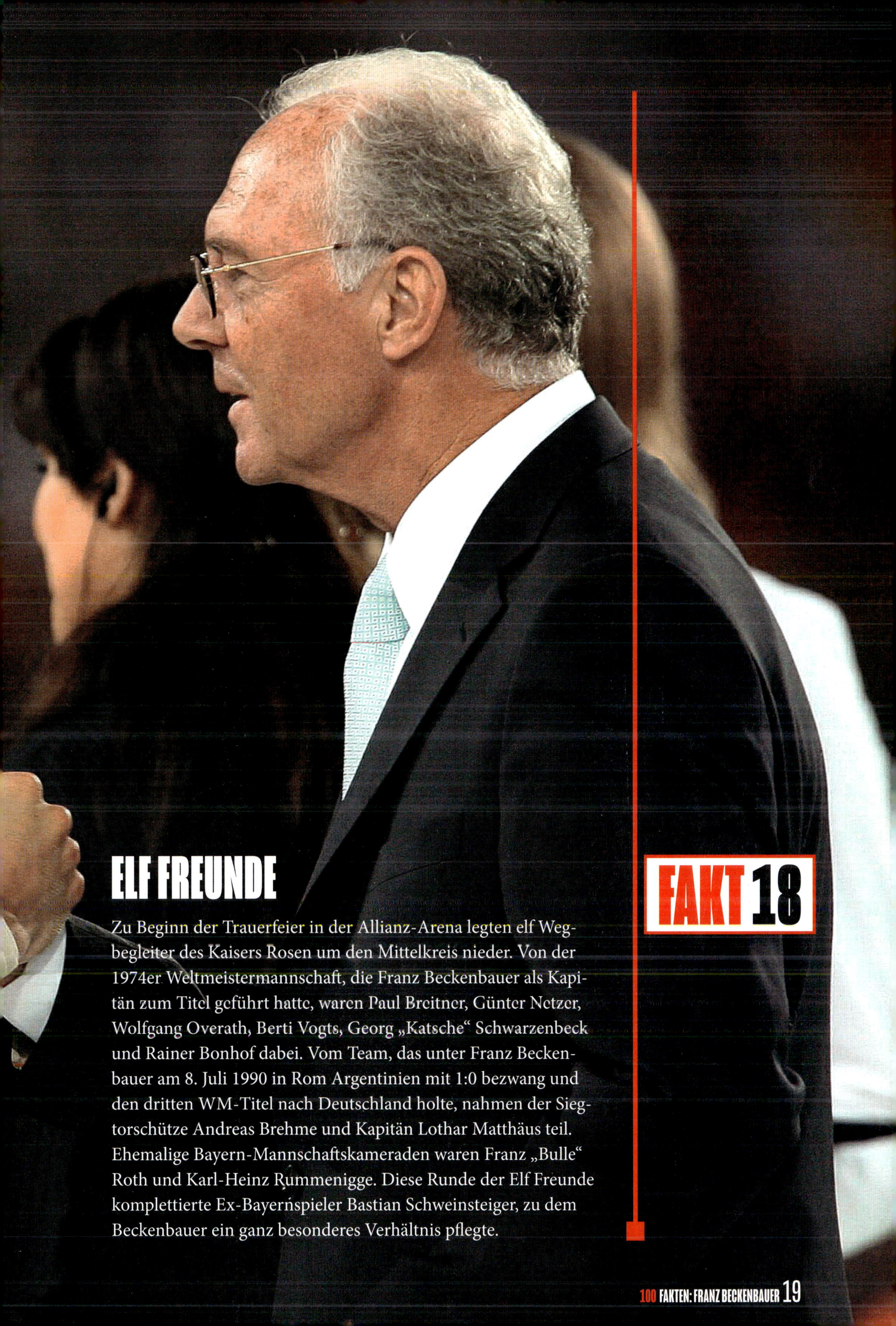

FAKT 18

ELF FREUNDE

Zu Beginn der Trauerfeier in der Allianz-Arena legten elf Wegbegleiter des Kaisers Rosen um den Mittelkreis nieder. Von der 1974er Weltmeistermannschaft, die Franz Beckenbauer als Kapitän zum Titel geführt hatte, waren Paul Breitner, Günter Netzer, Wolfgang Overath, Berti Vogts, Georg „Katsche“ Schwarzenbeck und Rainer Bonhof dabei. Vom Team, das unter Franz Beckenbauer am 8. Juli 1990 in Rom Argentinien mit 1:0 bezwang und den dritten WM-Titel nach Deutschland holte, nahmen der Siegtorschütze Andreas Brehme und Kapitän Lothar Matthäus teil. Ehemalige Bayern-Mannschaftskameraden waren Franz „Bulle“ Roth und Karl-Heinz Rummenigge. Diese Runde der Elf Freunde komplettierte Ex-Bayernspieler Bastian Schweinsteiger, zu dem Beckenbauer ein ganz besonderes Verhältnis pflegte.

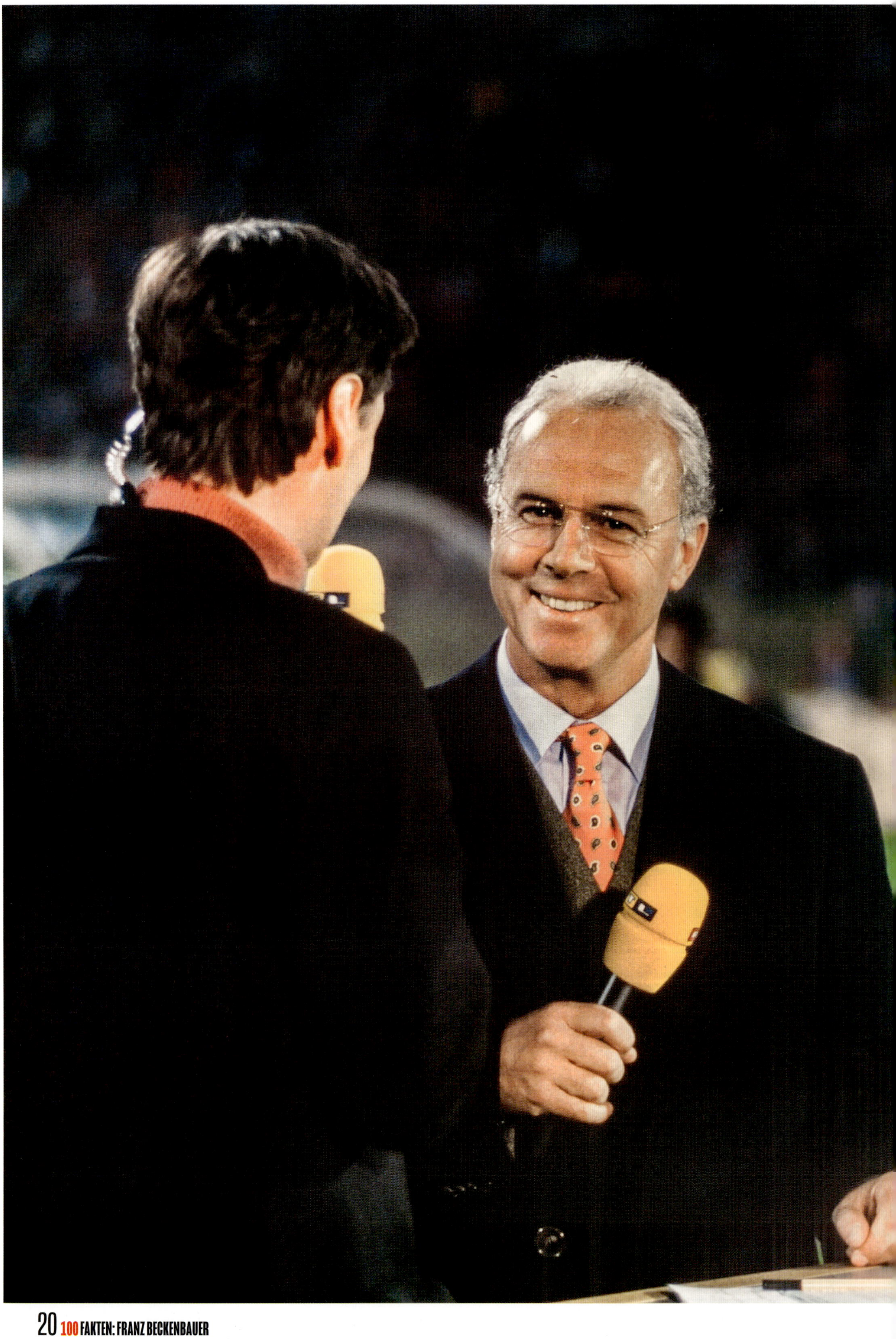

FAKT 19

ERSTES A-LÄNDERSPIEL

1965 läuft Franz Beckenbauer unter Bundestrainer Helmut Schön im Stockholmer Ortsteil Solna zum ersten Mal als Nationalspieler der A-Mannschaft auf. Mit ihm debütiert in diesem entscheidenden Qualifikationsspiel zur Fußball-WM 1966 ein weiterer Münchner: Peter Grosser von 1860 München. Für Beckenbauer folgen 102 weitere Länderspiele im DFB-Trikot, Grosser spielte nur noch einmal für Deutschland, obwohl er an beiden Toren zum 2:1-Sieg gegen Schweden als Vorbereiter und Schütze beteiligt war. Auch in den 66er WM-Kader wurde der 1860-Spieler nicht berufen.

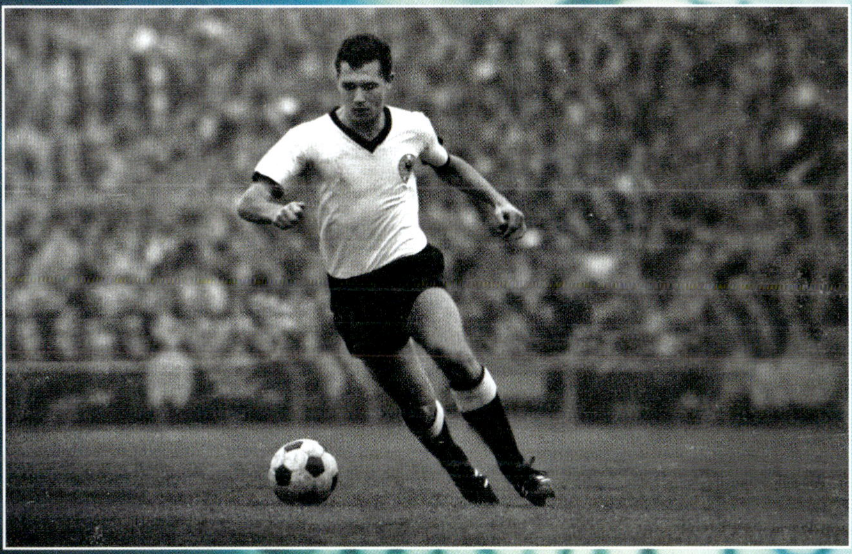

FAKT 20

EXPERTE

Viele Jahre war Franz Beckenbauer auch als Experte tätig. Schon vor seiner Zeit als Teamchef schrieb er eine Kolumne in der Bild-Zeitung. Sie hieß „Der Libero von Bild" und erschien erstmals am 3. Juni 1982, nur einen Tag nach seinem Abschiedsspiel beim HSV. Später war er über 20 Jahre lang TV-Experte. Sein letztes Spiel, das er im Fernsehen kommentierte, war am 16. März 2016 das Champions-League-Achtelfinal-Rückspiel der Bayern gegen Juventus Turin, das der FCB nach Verlängerung mit 4:2 gewann. Im Gedächtnis bleiben seine launigen Sprüche. Etwa: „Die Schweden sind keine Holländer" während der EM 2000 oder über das Können der deutschen Nationalmannschaft: „Wissen Sie, wer mir am meisten leidtat? Der Ball."

„DIE SCHWEDEN SIND KEINE HOLLÄNDER."

FAKT 21

FAIRPLAY

Obwohl Franz Beckenbauer während seiner Karriere als Mittelfeld- und Defensivspieler häufig in Zweikämpfe verwickelt war, zeichnete er sich stets durch überragendes Fairplay aus. Nur zwei Verwarnungen im Nationaltrikot, vier in der Bundesliga und eine im Europapokal weist die Kartenstatistik des Kaisers auf. Die beiden Verwarnungen während der WM 1966 waren keine gelben Karten, weil die Karten erst zur WM 1970 eingeführt wurden. Verwarnungen und Platzverweise wurden davor mündlich ausgesprochen, was zu vielen Missverständnissen und Diskussionen zwischen Spielern und Offiziellen führte.

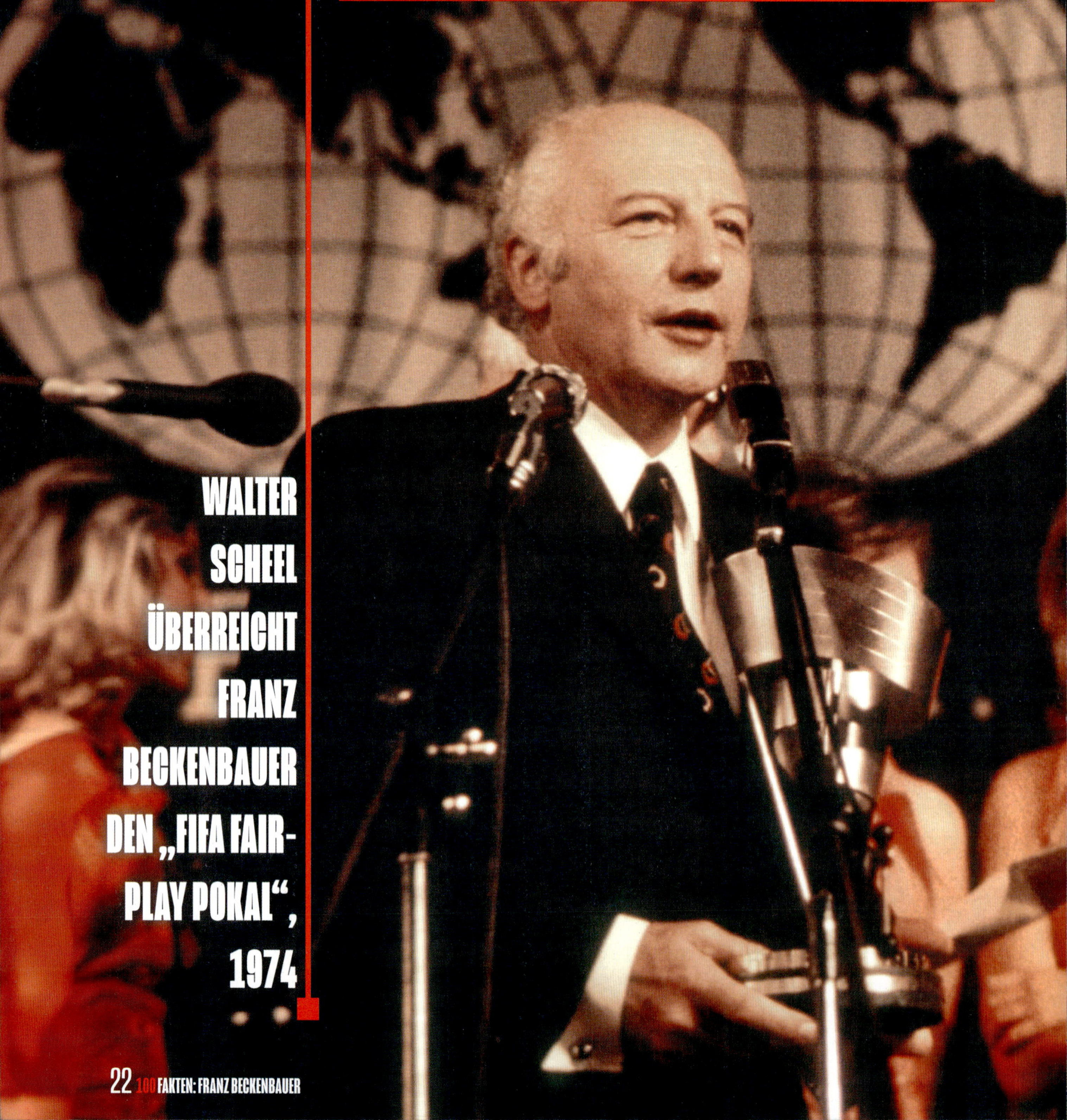

WALTER SCHEEL ÜBERREICHT FRANZ BECKENBAUER DEN „FIFA FAIR-PLAY POKAL“, 1974

FAMILIENMENSCH

FAKT 22

Franz Beckenbauer war nicht nur Fußball-Kaiser, sondern auch ein Familienmensch. Mutter Antonie, der er im Übrigen den zweiten Vornamen Anton zu verdanken hatte, blieb für ihn die wichtigste Person seines Lebens. So lud er sie und Tante Paula nach New York ein, wo er selbstbewusst mit ihnen und der neuen Lebensgefährtin Diane Sandmann in einer Kutsche im Central Park posierte. Antonie lebte bis zu ihrem Tod 2006 in Giesing und bearbeitete unter anderem Fanpost für ihren Sohn. Ganz gleich wo sich Franz Beckenbauer auf der Welt befand, er rief jeden Tag bei seiner Mutter an, um sich zu erkundigen, wie es ihr geht.

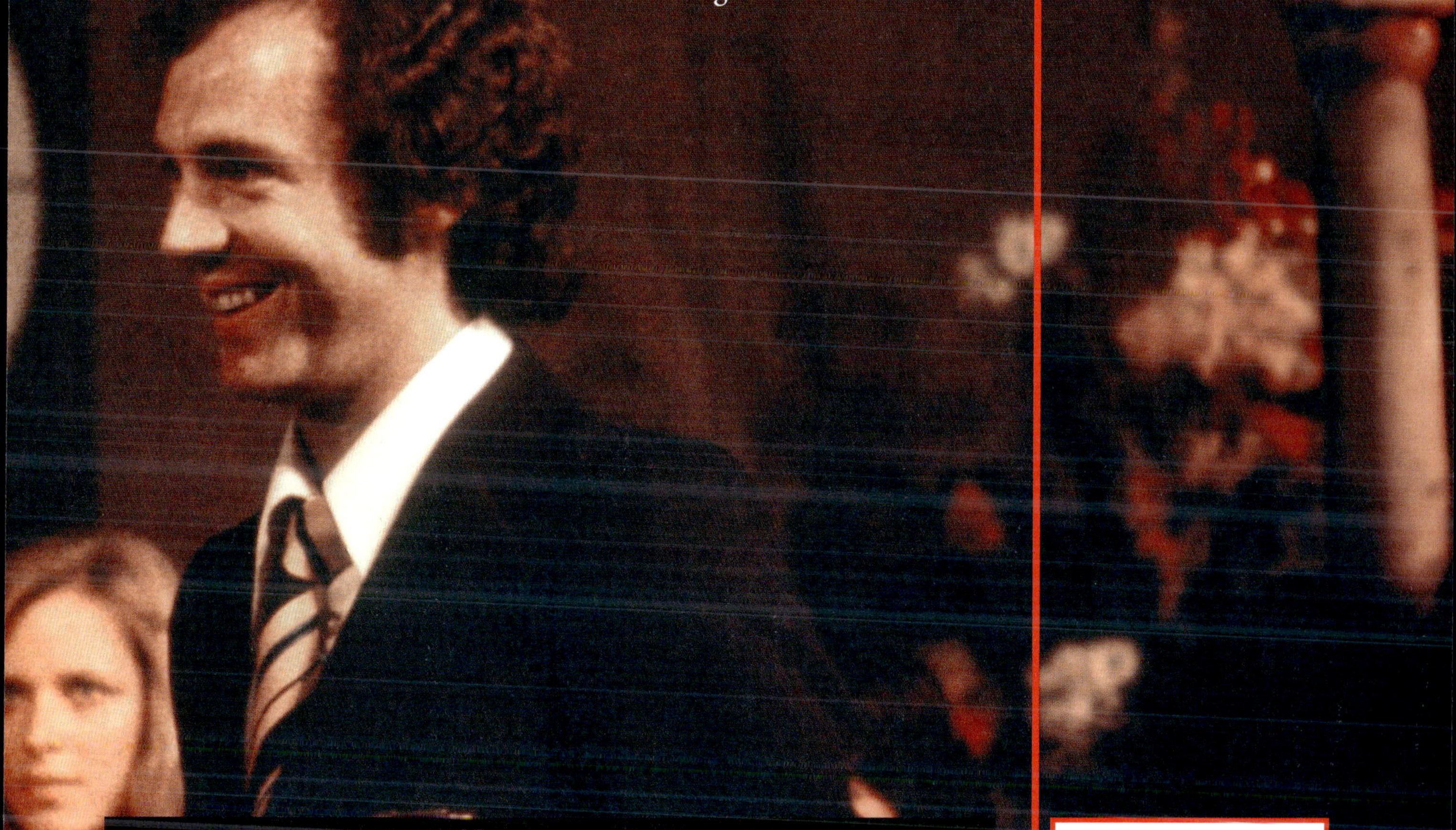

FIFA-FUNKTIONÄR

FAKT 23

Als Nachfolger von Gerhard Mayer-Vorfelder wird Franz Beckenbauer 2007 in das FIFA-Exekutivkomitee gewählt. In seine Amtszeit fällt auch die Vergabe der Weltmeisterschaften 2018 und 2022 an Russland und Katar. Aus „rein persönlichen und familiären Gründen“ tritt er nach Ablauf seiner Amtszeit 2011 nicht mehr zur Wiederwahl an. Jahre später wird er vom FIFA-Ethikrat wegen „mangelnder Kooperationsbereitschaft“ suspendiert und mit Geldbußen belegt. Wem er bei der berüchtigten Doppelvergabe 2010 der WM an Russland und Katar seine Stimme gegeben hatte, hat er nie verraten.

FAKT 24

FINAL-TRIKOT

Beckenbauers Trikot mit der Rückennummer 5 vom WM-Finale 1974 befindet sich in guten Händen: Johan Cruyffs Sohn Jordi, ein ehemaliger Fußballprofi, bewahrt das wertvolle Shirt an einem sicheren und geheimen Ort auf. Sein 2016 verstorbener Vater habe viele Erinnerungsstücke aus seiner Karriere als Spieler und Trainer weggegeben, das Beckenbauer-Trikot gehört nicht dazu. Verschollen ist dagegen Cruyffs Trikot mit der Rückennummer 14, das der niederländische Kapitän gegen jenes des deutschen Kapitäns eintauschte.

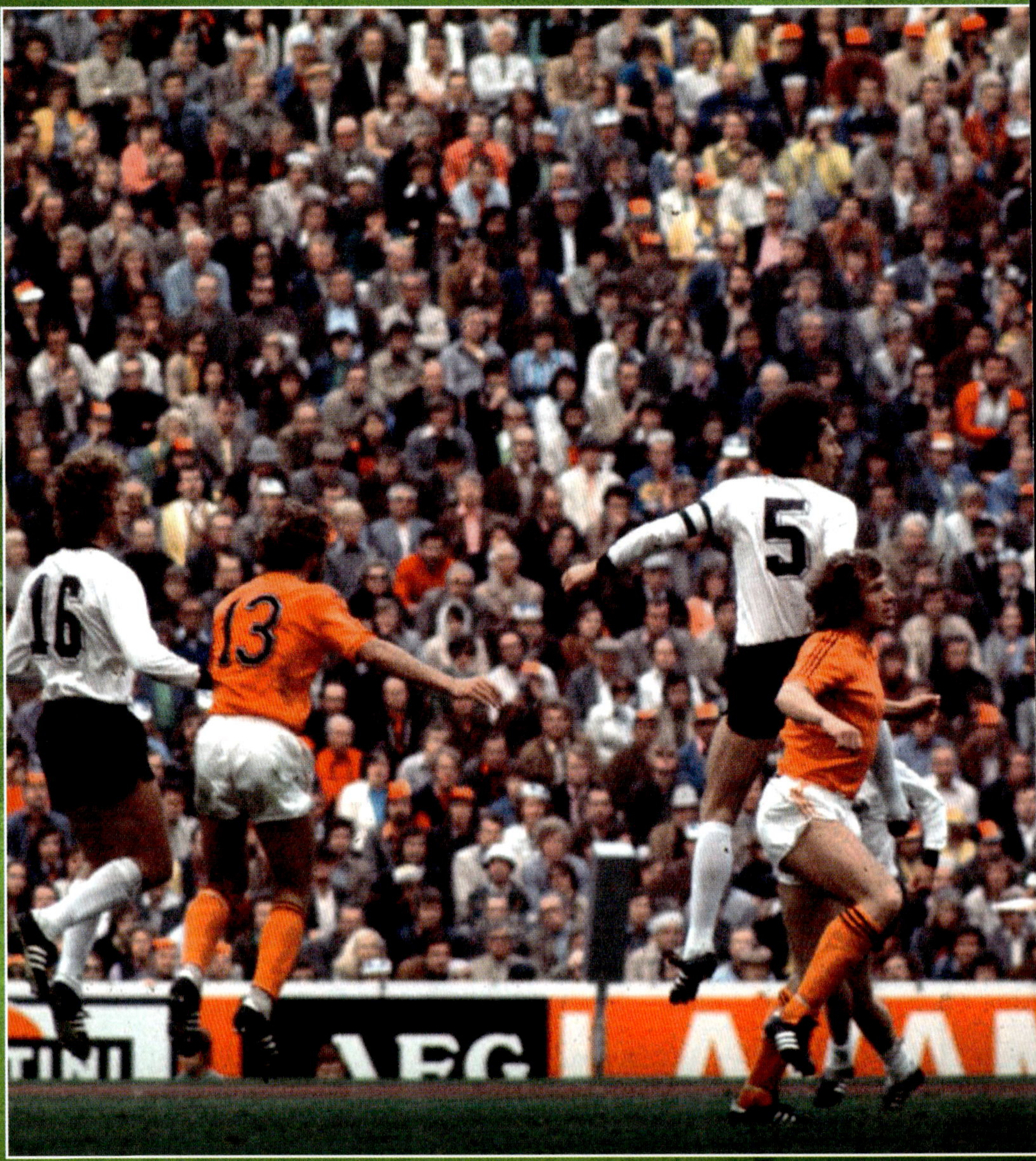

FAKT 25

FORTSETZUNGSROMAN

Schon während der aktiven Karriere ging Franz Beckenbauer mithilfe eines Ghostwriters unter die Schriftsteller. Im Jahr 1975, ein Jahr nach dem Gewinn der Fußball-WM in Deutschland, gab der Bertelsmann-Verlag seine Memoiren unter dem Titel „Einer wie ich" heraus. 17 Jahre später, erneut nach einem WM-Erfolg, folgte die Fortsetzung: „Ich. Wie es wirklich war."

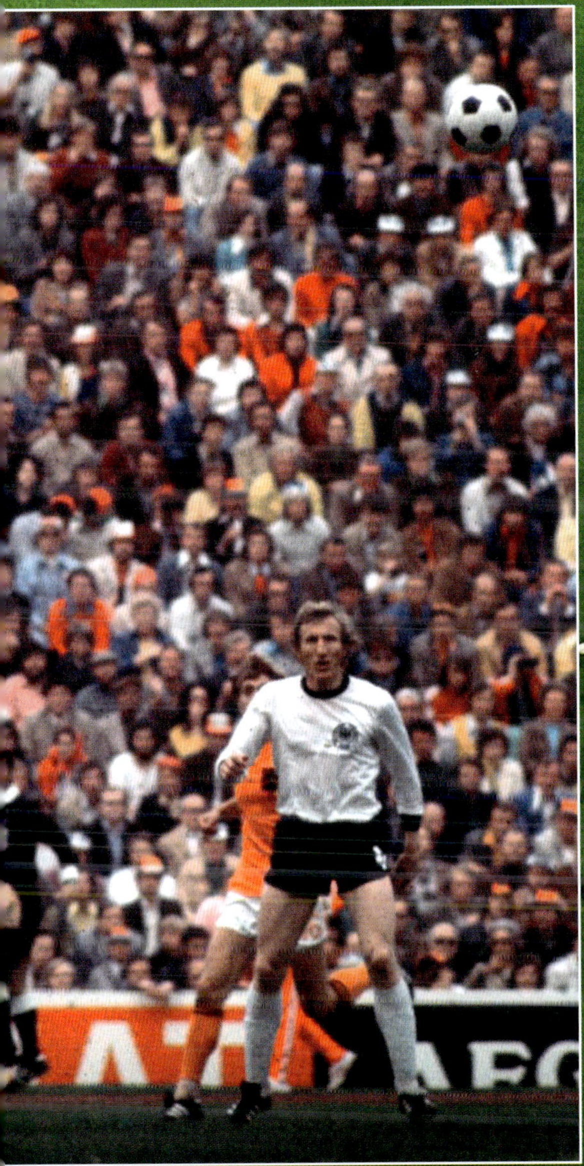

FAKT 26

FRAUEN AN SEINER SEITE

Franz Beckenbauer war dreimal verheiratet. 1966 heiratete er die Sekretärin Brigitte Wittmann, die sich dafür von ihrem Ehemann scheiden ließ. Kurz vor der Fußballweltmeisterschaft 1990 ehelichte er die DFB-Sekretärin Sybille Weimar, die er als Teamchef der deutschen Nationalmannschaft kennengelernt hatte. Seine zweite Frau bezeichnet Beckenbauer immer als „Lebensmenschen“. Nachdem Franz sich 2004 von Sybille scheiden ließ, heiratete er 2006 Heidrun „Heidi“ Burmester, die als Sekretärin beim FC Bayern arbeitete.

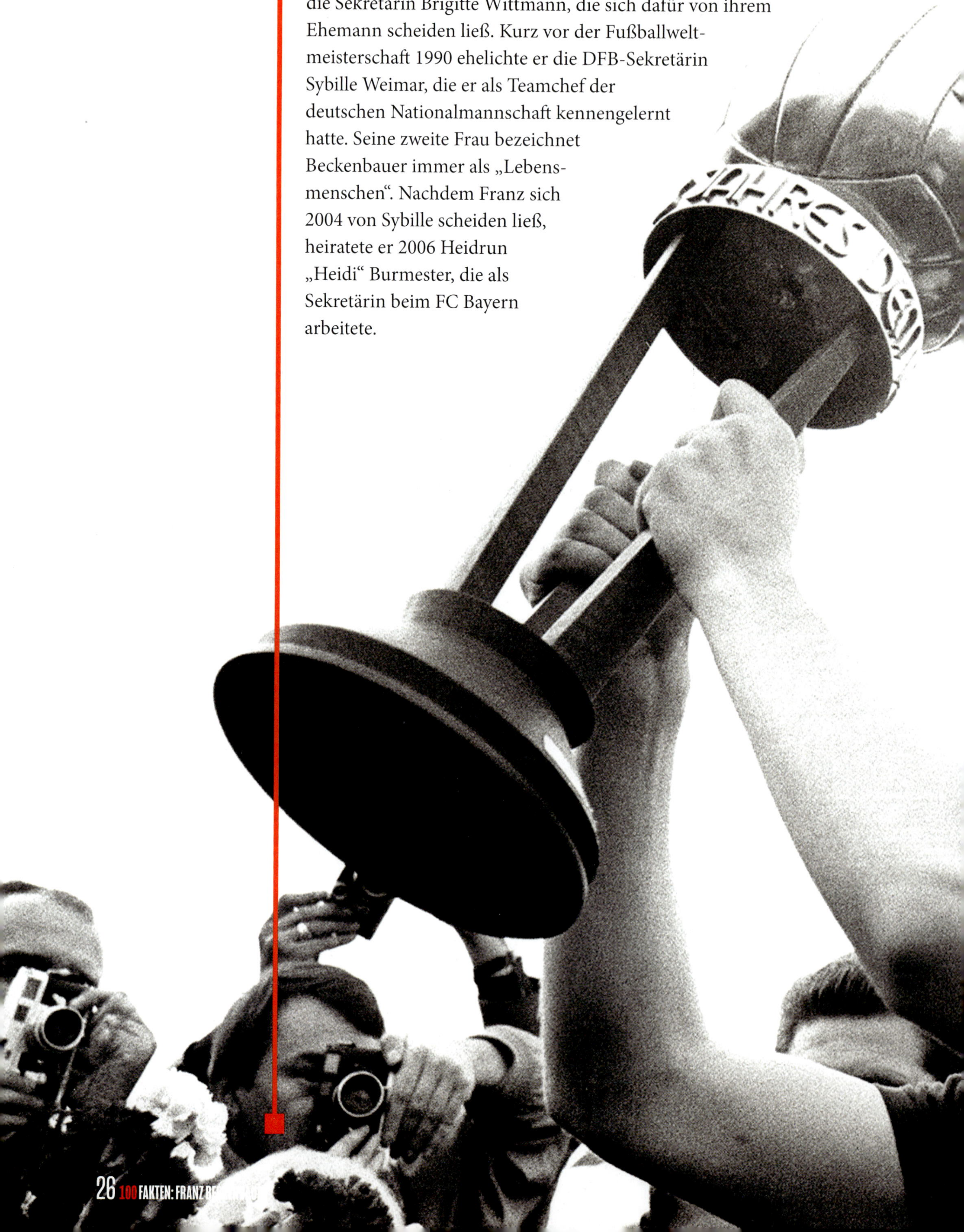

FRÜHE AUTOBIOGRAFIE

FAKT 27

Bereits im Alter von 21 Jahren schrieb Franz Beckenbauer eine fußballerische Autobiografie. Der Titel des 118-Seiten-Werks, das am 1. Januar 1966 im Copress Verlag erschien, lautete „Dirigent im Mittelfeld". In diesem Buch erzählt Franz Beckenbauer anhand vieler Fotos Anekdoten aus seiner Zeit als junger Fußballspieler, in der er meistens im Mittelfeld eingesetzt wurde. Auf dem Umschlag des schmalen Bändchens ist übrigens die Trophäe des deutschen „Fußballer des Jahres" abgebildet.

FUSSBALLER DES JAHRES

FAKT 28

Zu den zahlreichen nationalen und internationalen Ehrungen für Franz Beckenbauer gehört auch der vierfache Titel „Deutschlands Fußballer des Jahres". Er erhielt diese Ehrung 1966, 1968, 1974 und 1976. Niemand hat diese Trophäe bislang so oft in Empfang nehmen dürfen wie der Kaiser. Mit je drei dieser Auszeichnungen folgen Uwe Seeler, der diese Auszeichnung auch als erster erhielt (1960, 1964 und 1970), Sepp Maier (1975, 1977 und 1978) sowie Michael Ballack (2002, 2003 und 2005).

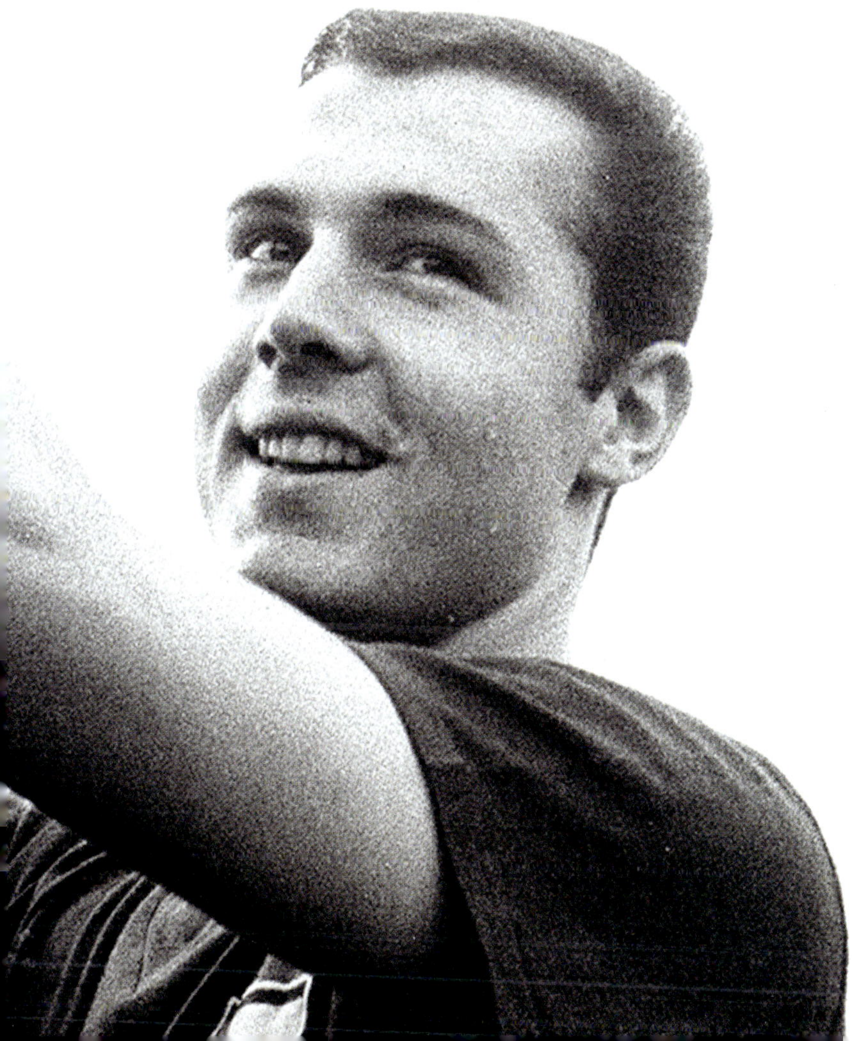

FAKT 29

GEBRAUCHTE FUSSBALLSCHUHE

Ja, Sie haben richtig gelesen. Der Fußballmillionär hortete benutzte Stollentreter. Nicht, um sie in der heimischen Vitrine auszustellen, sondern um sie mit Unterstützung von Mercedes Benz und der Laureus-Sport-for-Good-Stiftung in neue Schuhe umzutauschen und diese im Jahr 2013 nach Rio de Janeiro zu bringen und dort zu spenden. So sollte es Jugendlichen ermöglicht werden, in richtigen Schuhen Fußball zu spielen. Bei der Aktion „Fußballschuhe für Rio" waren unter anderen die früheren Nationalspieler Carlos Alberto, Brasilien, und Jens Lehmann mit dabei.

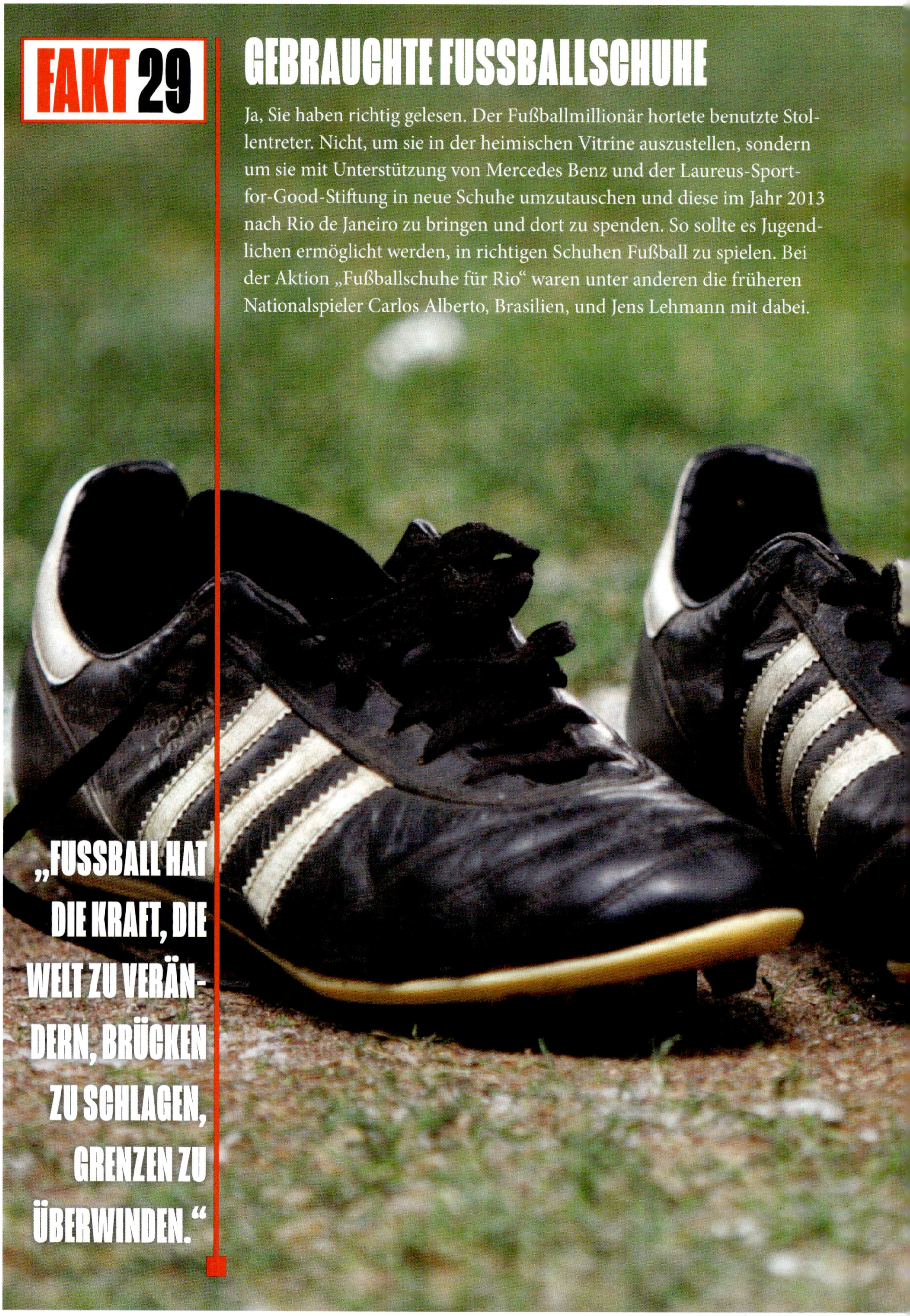

„FUSSBALL HAT DIE KRAFT, DIE WELT ZU VERÄNDERN, BRÜCKEN ZU SCHLAGEN, GRENZEN ZU ÜBERWINDEN."

FAKT 30

GEBURTSHILFE

Franz Beckenbauer war bereits vor seiner Geburt ein internationales Glückskind. Als die Wehen einsetzten, machte sich Antonie Beckenbauer mit der Straßenbahn auf den Weg in das Krankenhaus. Da die Gleise zerbombt waren, musste sie irgendwann zu Fuß weitergehen. Doch dann wurden amerikanische Soldaten in einem Jeep auf die hochschwangere Frau aufmerksam und nahmen sie zur Geburtsklinik mit.

FAKT 31

GEFÄHRLICHES HOBBY

Heute im Profi-Fußball undenkbar: Franz Beckenbauer war während seiner Zeit als aktiver Spieler ein passionierter Reiter und besaß bereits Anfang der 1970er-Jahre zwei Pferde. Nach eigenen Aussagen war der Fußball-Kaiser ein begnadeter Reiter und nahm sogar an den gefährlichen Vielseitigkeits-Wettbewerben, damals noch Military genannt, teil.

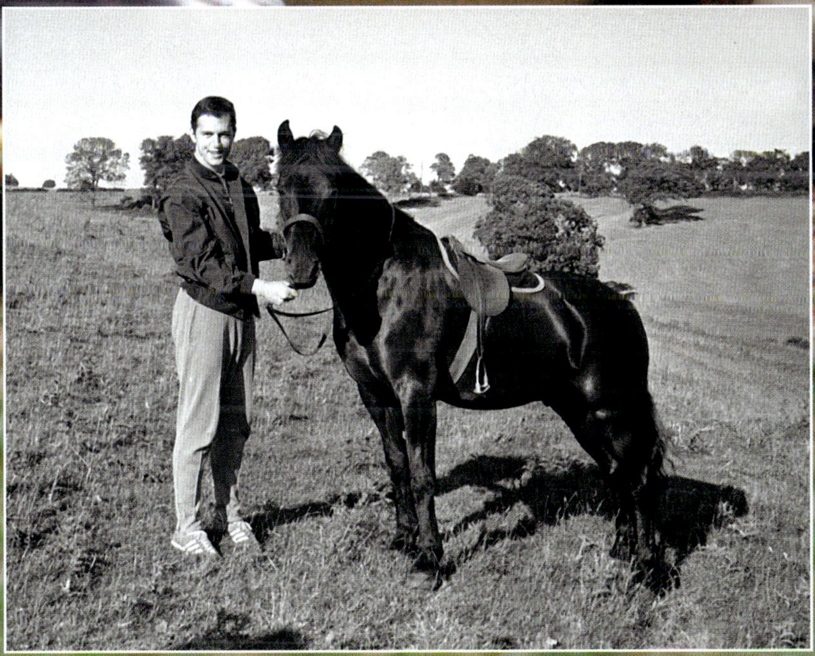

FAKT 32

GEHEIME TELEFONNUMMER

Wie viele Prominente hatte Franz Beckenbauer eine geheime Telefonnummer. Beim Kaiser waren es sogar zwei. Die eine (nach eigenem Bekunden 798651) stand nicht im Telefonbuch, die andere kannten nur drei Menschen – unter anderem Robert Schwan, aber nicht die eigene Mutter. Auf deren eigene Bitte, weil sie befürchtete, die Nummer aus Versehen zu verraten.

FAKT 33

„GEHT'S RAUS UND SPIELT'S FUSSBALL."

Mit diesem lapidaren Satz soll Teamchef Beckenbauer seine Mannschaft von 1990 in das WM-Finale gegen Argentinien geschickt haben – eines der berühmtesten Beckenbauer-Zitate. Was dagegen kaum noch jemand weiß, ist, dass Kaiser Franz auch als Trainer ein akribischer, unermüdlicher Arbeiter war. So studierte er vor Spielen stundenlang Videos seiner Gegner, lange bevor diese Art der Analyse üblich war. Der Chef habe ihn während der WM des Öfteren mitten in der Nacht im Hotel angerufen, um taktische Fragen zu besprechen, die ihm durch den Kopf gingen, weiß etwa Co-Trainer Horst Köppel zu erzählen. Und Rainer Bonhof erzählt, dass er als Chefscout Papierbögen mit zahllosen Detailfragen ausfüllen musste, so wie man sie heute von einer Datenbank abriefe. „Da war Franz ein absoluter Vorreiter, der jede Schwachstelle genau kennen wollte", erinnert sich Bonhof.

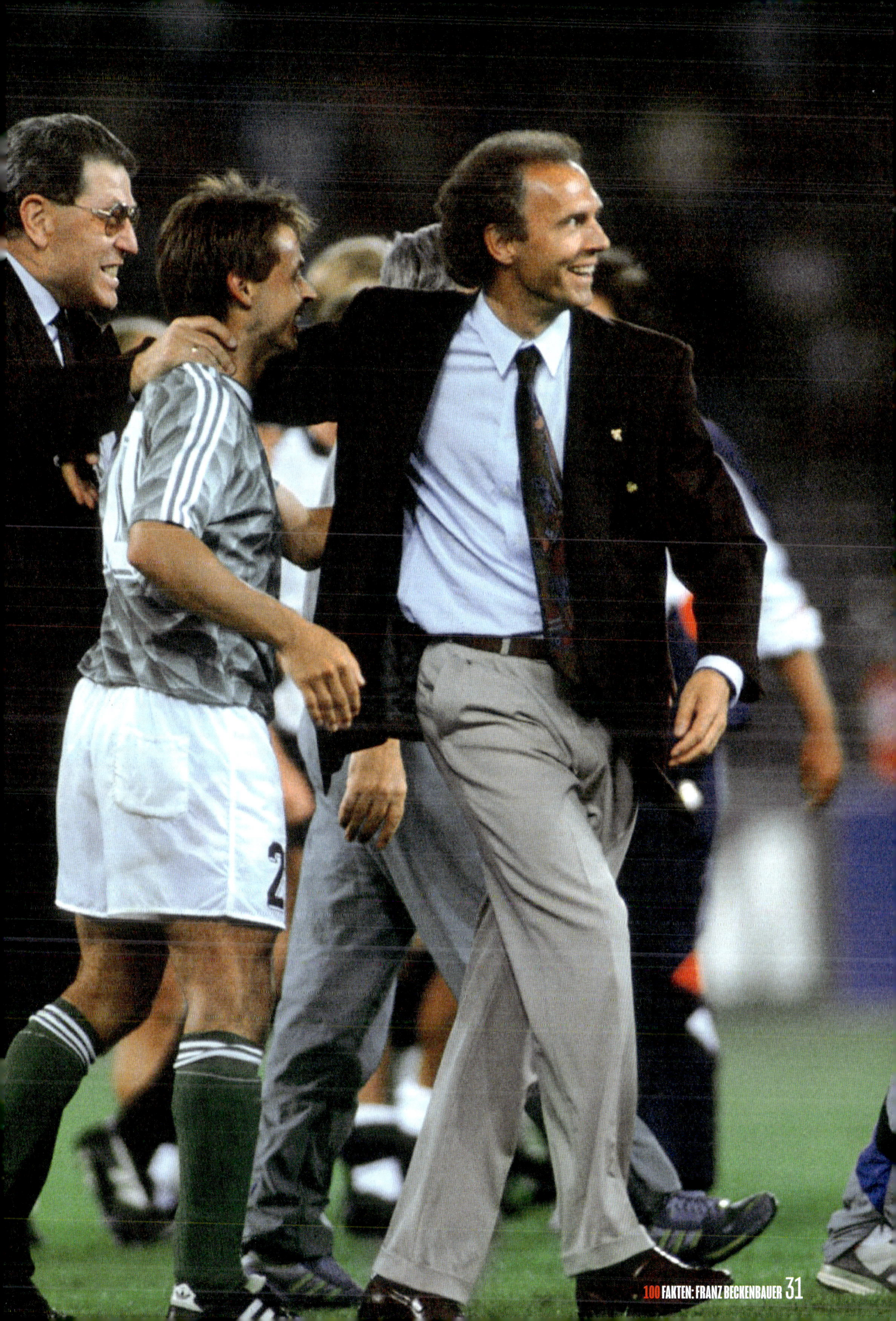

FAKT 34

GEORG SCHWARZENBECK

Zu den treuesten Wegbegleitern Beckenbauers gehörte sein Vorstopper bei den Bayern und auch in der Nationalmannschaft Georg Schwarzenbeck, genannt Katsche. Er machte nicht allzu viel Aufhebens um sich und sein Fußballspielen. Er sei froh gewesen, dass sich die Aufmerksamkeit meist auf andere gerichtet habe, erinnerte er sich später. Zu seinem pragmatischen Naturell passt es, dass er die Siegprämie für den Weltmeister-Titel 1974 gleich richtig verwenden konnte: „Für den Titel bekam jeder Spieler 7000 Mark Prämie. Geld, das ich gut gebrauchen konnte, denn damals sparte ich für mein neues Haus, das ich jetzt in München besitze“, erinnert er sich. Nach der aktiven Zeit übernahm er den Schreibwarenladen seiner Tante, den er bis 2008 führte. Der FC Bayern pflegte seinen Bürobedarf stets bei Schwarzenbeck zu bestellen.

FAKT 35

GROSSZÜGIGKEIT

Zu den Charaktereigenschaften des Kaisers zählte überbordende Großzügigkeit. Die rühmt auch der ehemalige österreichische Fußballstar Herbert „Schneckerl“ Prohaska. Als der zu einem Spiel einer Weltauswahl gegen eine deutsche Jahrhundert-Auswahl zu Ehren von Beckenbauers 50. Geburtstag nach München eingeladen war, habe jeder Spieler eine wertvolle Uhr erhalten und sei danach mit Gattin zum Wiesn-Besuch inklusive Privatkonzert von Udo Jürgens eingeladen gewesen. Und als Schneckerl später zu Österreichs Fußballer des Jahrhunderts gewählt wurde, kam Franz ganz selbstverständlich zu der Festveranstaltung in der Wiener Staatsoper, um Prohaska die Trophäe zu überreichen.

FAKT 36

GÜNTER NETZER

Mit kaum einem Mitspieler verband Beckenbauer eine so enge, gegenseitig wertschätzende Freundschaft wie mit Günter Netzer. Erst spielten sie zusammen, dann wurden sie Freunde, erinnerten sich beide später in Interviews. Auf dem Platz verstanden sie sich blind. Später zählten moderne Fußballanalytiker, dass Netzer 1972 während des legendären 3:1-Siegs gegen England im EM-Viertelfinale 99 Aktionen am Ball hatte, zwanzig Pässe spielten sich die beiden gegenseitig zu, selbst für heutige Zeiten herausragende Werte.

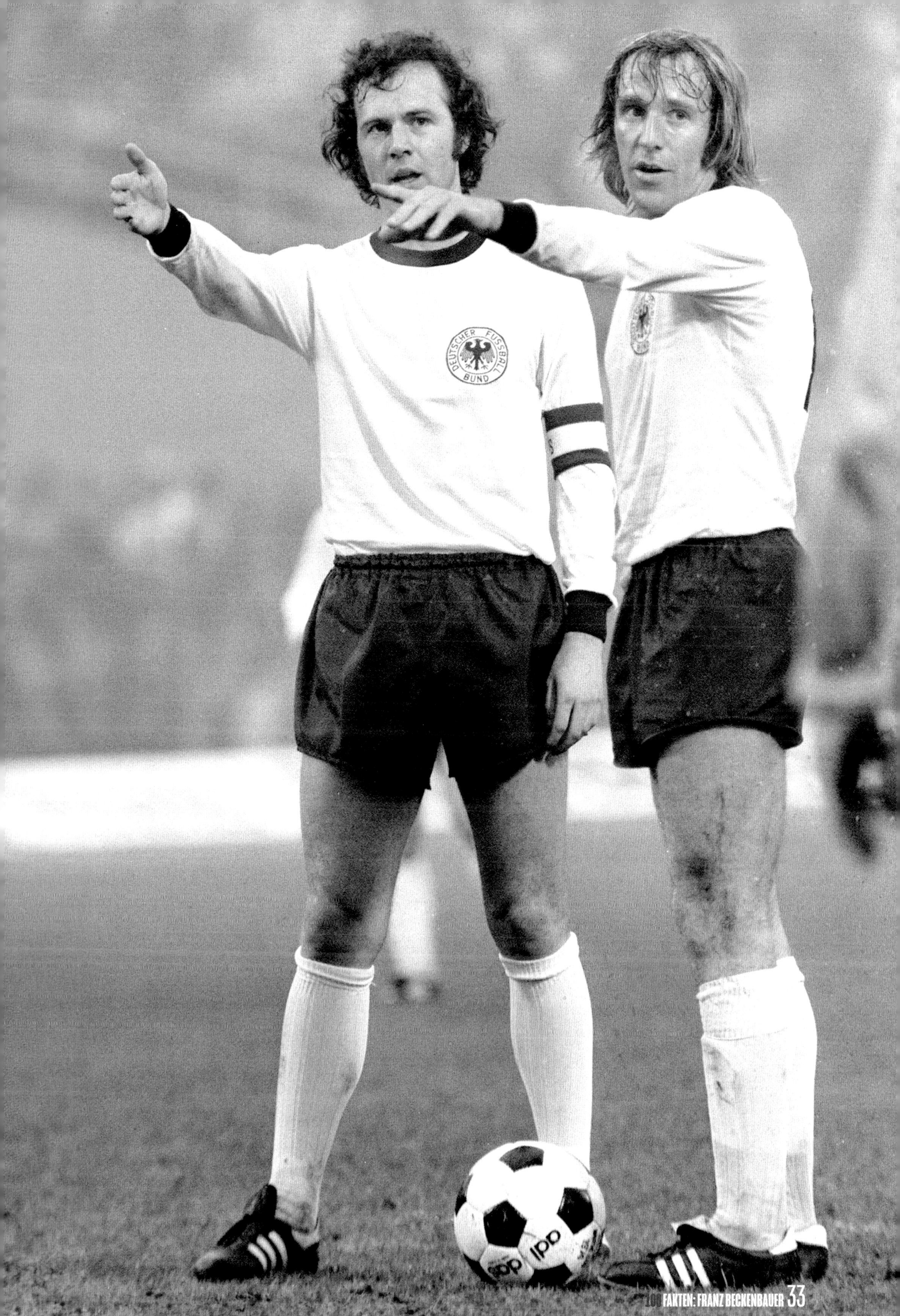
DEUTSCHER FUSSBALL BUND

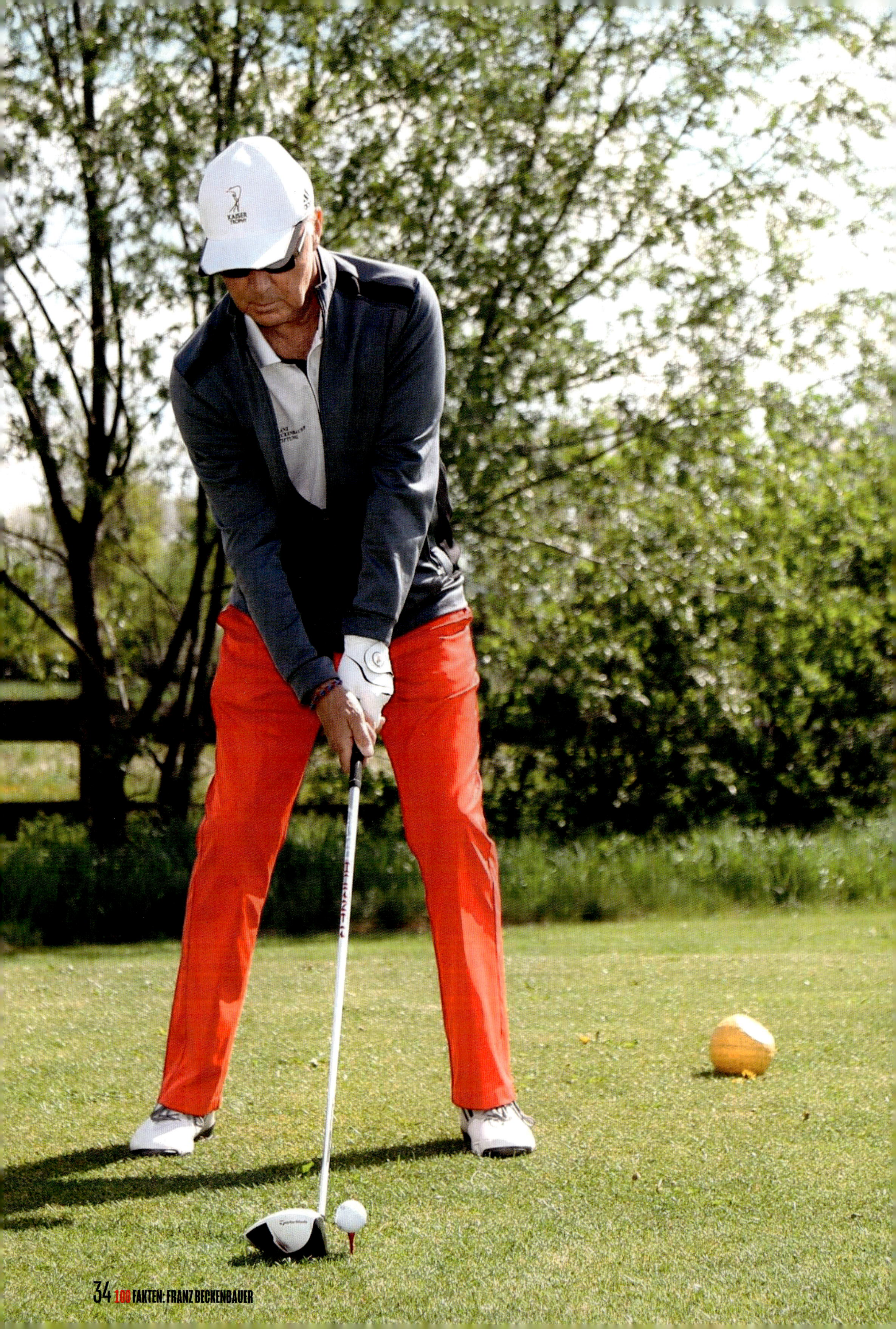

HANDICAP 7

FAKT 37

Wie viele ehemalige Fußballspieler wurde auch Kaiser Franz zum leidenschaftlichen Golfspieler. Oft und gern nahm er bei Promi- oder Benefizturnieren teil. Den Golfsport betrieb er so perfektionistisch wie alles in seinem Leben, erreichte mit Handicap 7 einen genauso guten Wert wie Weltmeister-Kollege Jürgen Grabowski, aber einen weit besseren als etwa Sepp Maier oder Erich Ribbeck. Die Zahl bedeutet, dass Beckenbauer beispielsweise einen Platz mit 72 Normschlägen für Profis mit rund 80 Schlägen absolvieren konnte.

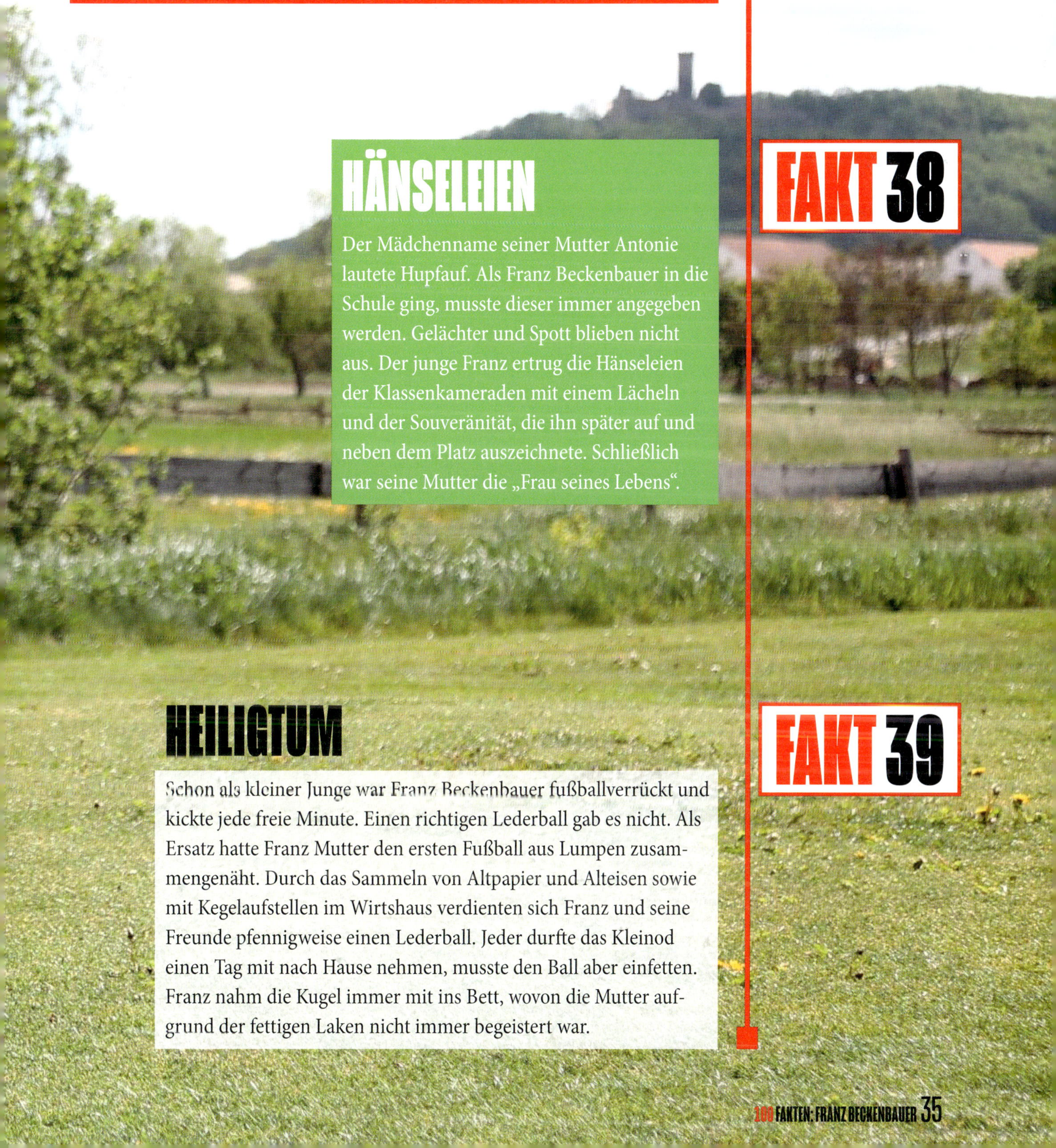

HÄNSELEIEN

FAKT 38

Der Mädchenname seiner Mutter Antonie lautete Hupfauf. Als Franz Beckenbauer in die Schule ging, musste dieser immer angegeben werden. Gelächter und Spott blieben nicht aus. Der junge Franz ertrug die Hänseleien der Klassenkameraden mit einem Lächeln und der Souveränität, die ihn später auf und neben dem Platz auszeichnete. Schließlich war seine Mutter die „Frau seines Lebens".

HEILIGTUM

FAKT 39

Schon als kleiner Junge war Franz Beckenbauer fußballverrückt und kickte jede freie Minute. Einen richtigen Lederball gab es nicht. Als Ersatz hatte Franz Mutter den ersten Fußball aus Lumpen zusammengenäht. Durch das Sammeln von Altpapier und Alteisen sowie mit Kegelaufstellen im Wirtshaus verdienten sich Franz und seine Freunde pfennigweise einen Lederball. Jeder durfte das Kleinod einen Tag mit nach Hause nehmen, musste den Ball aber einfetten. Franz nahm die Kugel immer mit ins Bett, wovon die Mutter aufgrund der fettigen Laken nicht immer begeistert war.

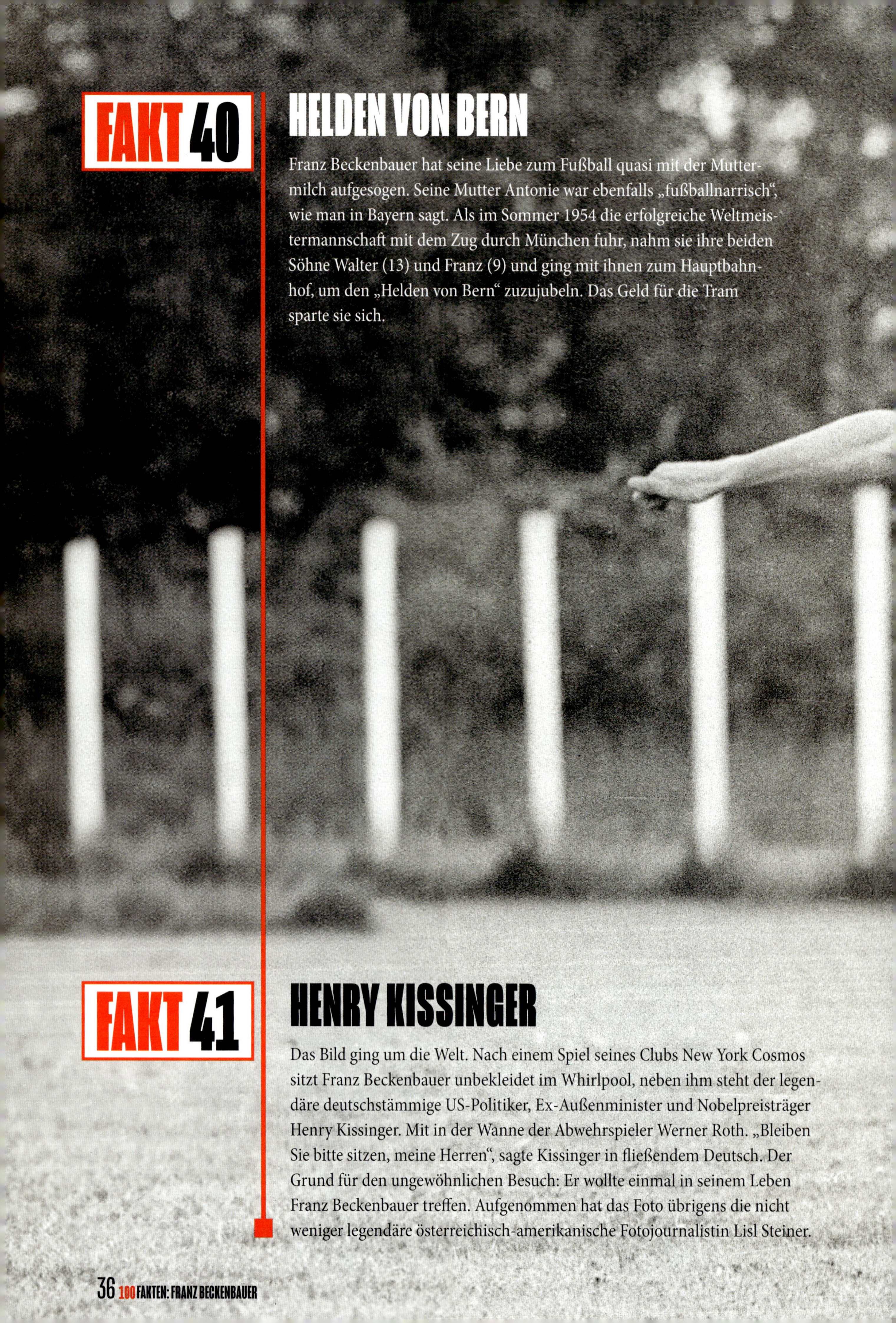

FAKT 40

HELDEN VON BERN

Franz Beckenbauer hat seine Liebe zum Fußball quasi mit der Muttermilch aufgesogen. Seine Mutter Antonie war ebenfalls „fußballnarrisch", wie man in Bayern sagt. Als im Sommer 1954 die erfolgreiche Weltmeistermannschaft mit dem Zug durch München fuhr, nahm sie ihre beiden Söhne Walter (13) und Franz (9) und ging mit ihnen zum Hauptbahnhof, um den „Helden von Bern" zuzujubeln. Das Geld für die Tram sparte sie sich.

FAKT 41

HENRY KISSINGER

Das Bild ging um die Welt. Nach einem Spiel seines Clubs New York Cosmos sitzt Franz Beckenbauer unbekleidet im Whirlpool, neben ihm steht der legendäre deutschstämmige US-Politiker, Ex-Außenminister und Nobelpreisträger Henry Kissinger. Mit in der Wanne der Abwehrspieler Werner Roth. „Bleiben Sie bitte sitzen, meine Herren", sagte Kissinger in fließendem Deutsch. Der Grund für den ungewöhnlichen Besuch: Er wollte einmal in seinem Leben Franz Beckenbauer treffen. Aufgenommen hat das Foto übrigens die nicht weniger legendäre österreichisch-amerikanische Fotojournalistin Lisl Steiner.

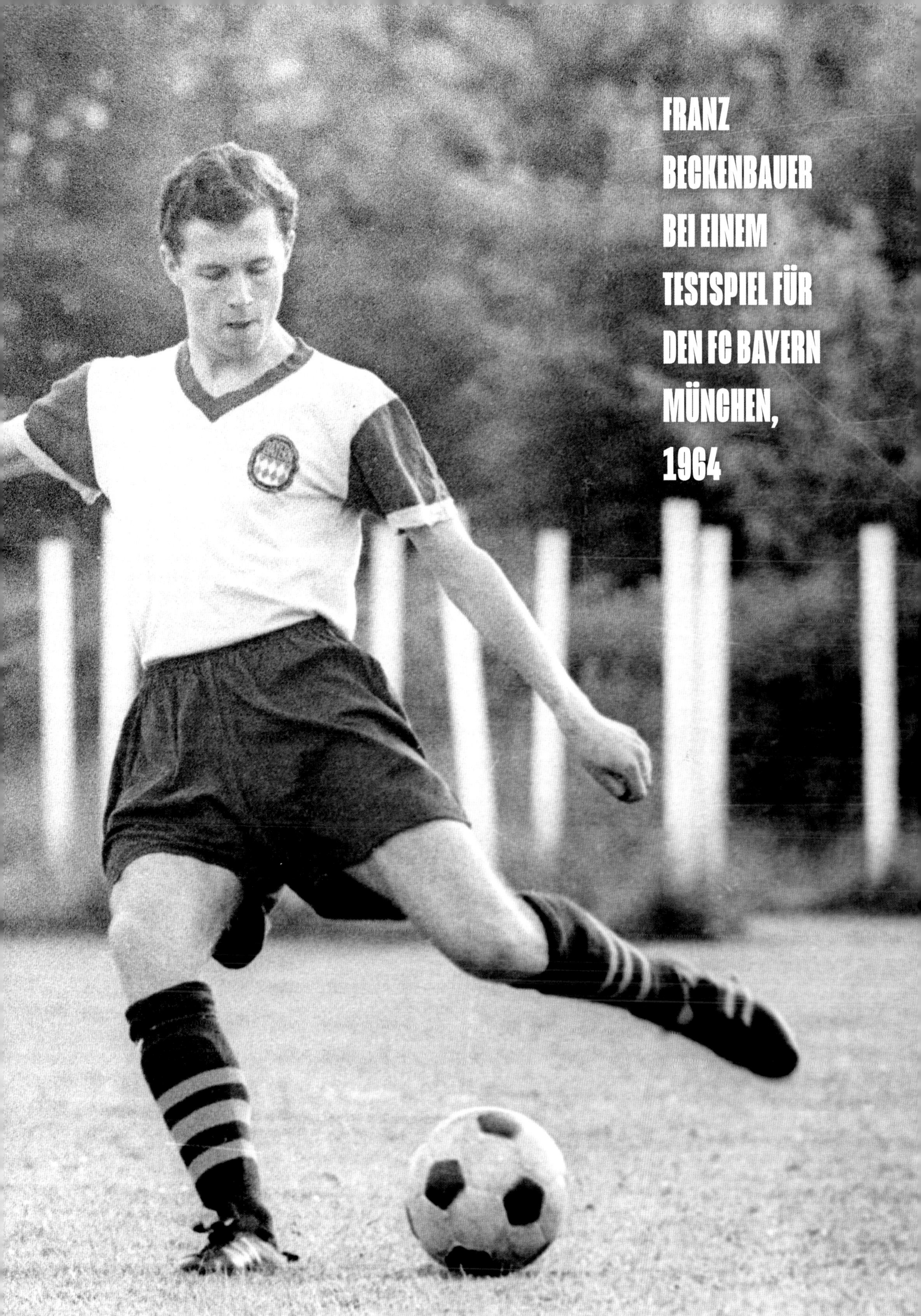

FRANZ BECKENBAUER BEI EINEM TESTSPIEL FÜR DEN FC BAYERN MÜNCHEN, 1964

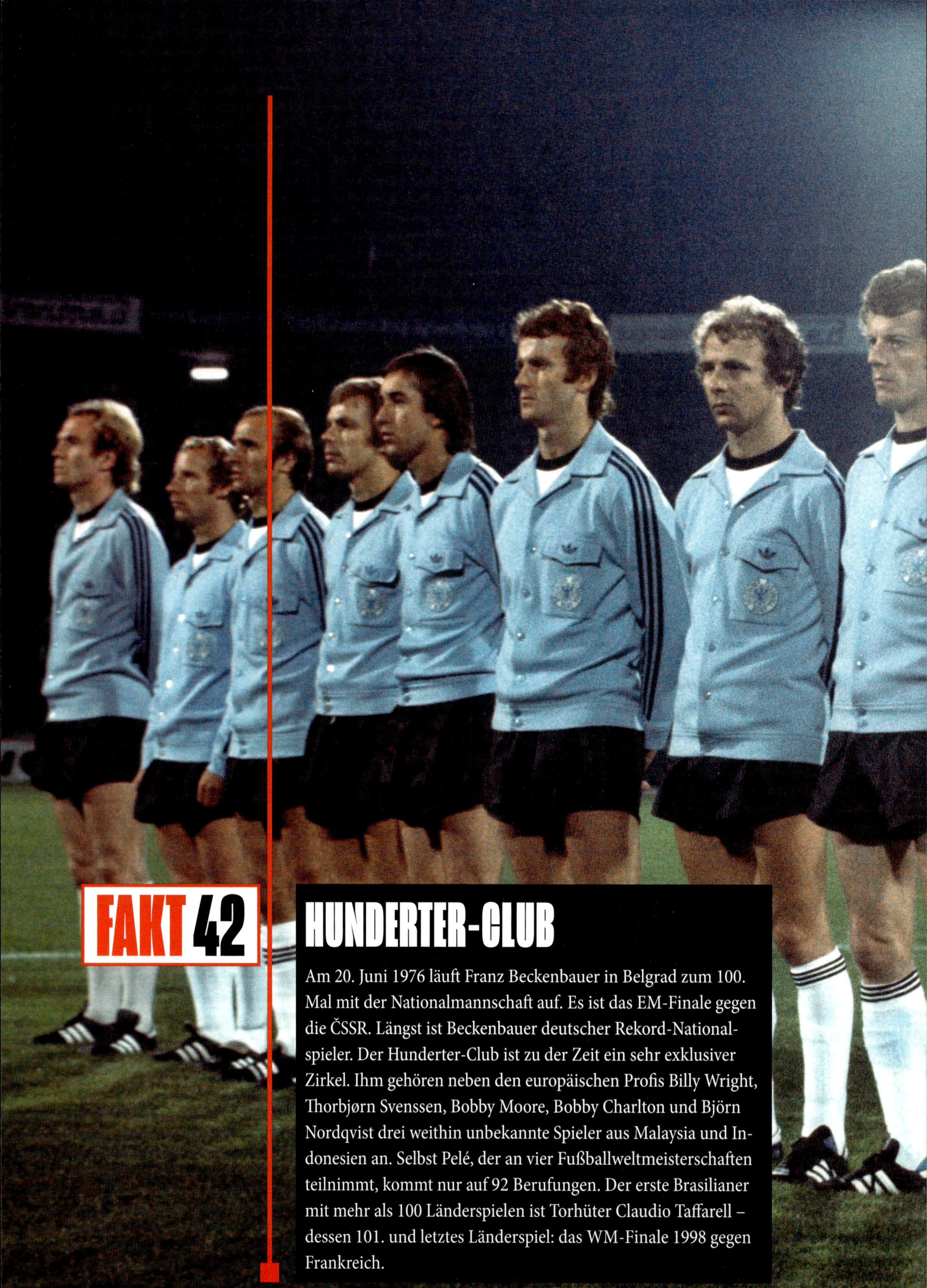

FAKT 42

HUNDERTER-CLUB

Am 20. Juni 1976 läuft Franz Beckenbauer in Belgrad zum 100. Mal mit der Nationalmannschaft auf. Es ist das EM-Finale gegen die ČSSR. Längst ist Beckenbauer deutscher Rekord-Nationalspieler. Der Hunderter-Club ist zu der Zeit ein sehr exklusiver Zirkel. Ihm gehören neben den europäischen Profis Billy Wright, Thorbjørn Svenssen, Bobby Moore, Bobby Charlton und Björn Nordqvist drei weithin unbekannte Spieler aus Malaysia und Indonesien an. Selbst Pelé, der an vier Fußballweltmeisterschaften teilnimmt, kommt nur auf 92 Berufungen. Der erste Brasilianer mit mehr als 100 Länderspielen ist Torhüter Claudio Taffarell – dessen 101. und letztes Länderspiel: das WM-Finale 1998 gegen Frankreich.

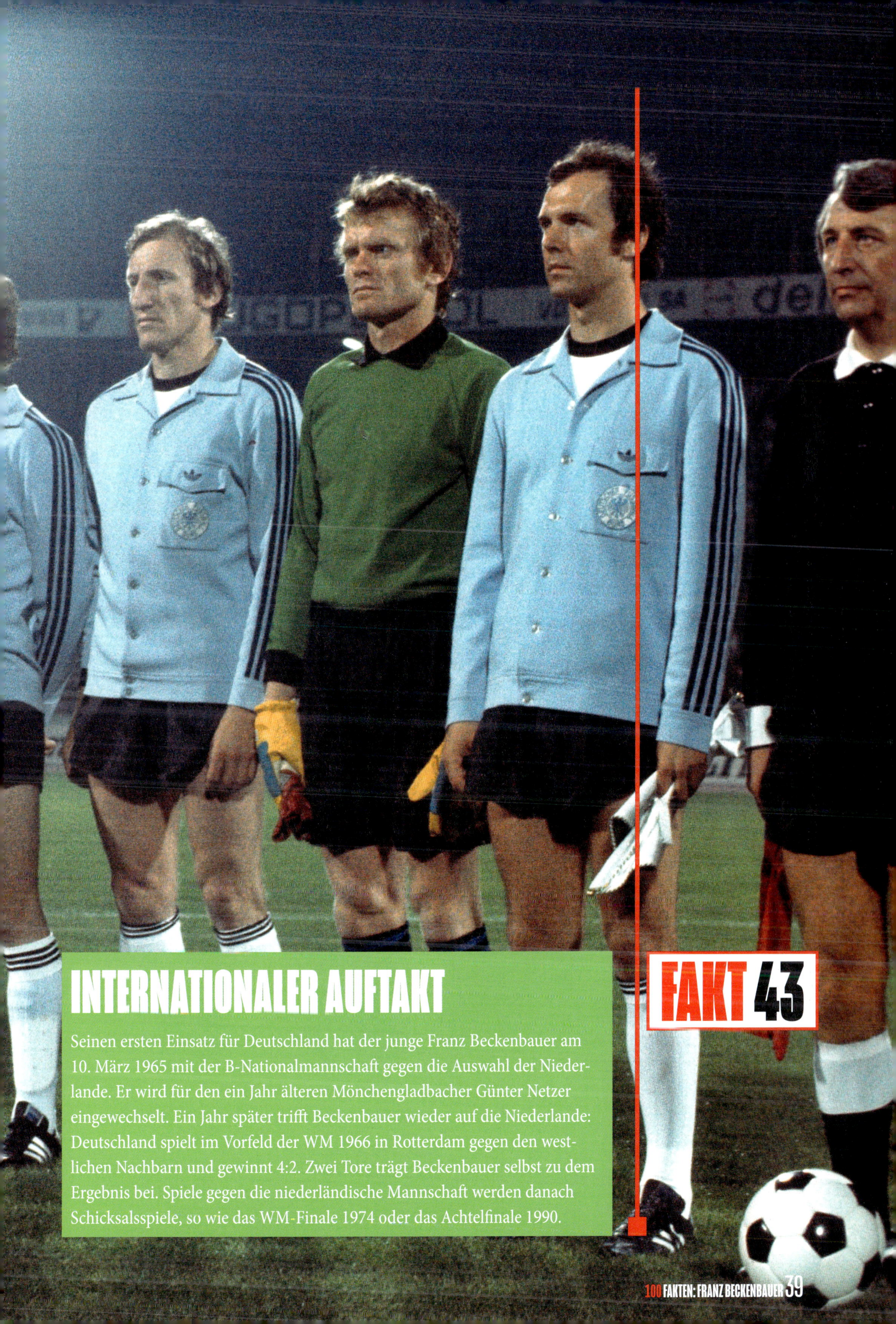

INTERNATIONALER AUFTAKT

Seinen ersten Einsatz für Deutschland hat der junge Franz Beckenbauer am 10. März 1965 mit der B-Nationalmannschaft gegen die Auswahl der Niederlande. Er wird für den ein Jahr älteren Mönchengladbacher Günter Netzer eingewechselt. Ein Jahr später trifft Beckenbauer wieder auf die Niederlande: Deutschland spielt im Vorfeld der WM 1966 in Rotterdam gegen den westlichen Nachbarn und gewinnt 4:2. Zwei Tore trägt Beckenbauer selbst zu dem Ergebnis bei. Spiele gegen die niederländische Mannschaft werden danach Schicksalsspiele, so wie das WM-Finale 1974 oder das Achtelfinale 1990.

FAKT 44

„JA, IST DENN HEUT SCHO‘ WEIHNACHTEN?“

Der Beckenbauer-Werbespruch, der in den deutschen Sprachgebrauch eingegangen ist, stammt aus seiner Werbung für Mobilfunkdienstleister E-Plus: „Ja, ist denn heut scho‘ Weihnachten?“ Drei Jahre nach dem Engagement für E-Plus heuerte Franz Beckenbauer beim E-Plus-Konkurrenten O_2 an und nutzte den Spruch bei einem Werbespot, in dem er gemeinsam mit Anke Engelke und Dieter Bohlen auftrat. Daraufhin ließ E-Plus den Spot per einstweiliger Verfügung verbieten. O_2 ließ einen neuen Film produzieren, in dem Bohlen Franz auffordert nun endlich seinen Spruch zu sagen, woraufhin Beckenbauer antwortet: „Ich würde gern, aber ich darf ja nicht“.

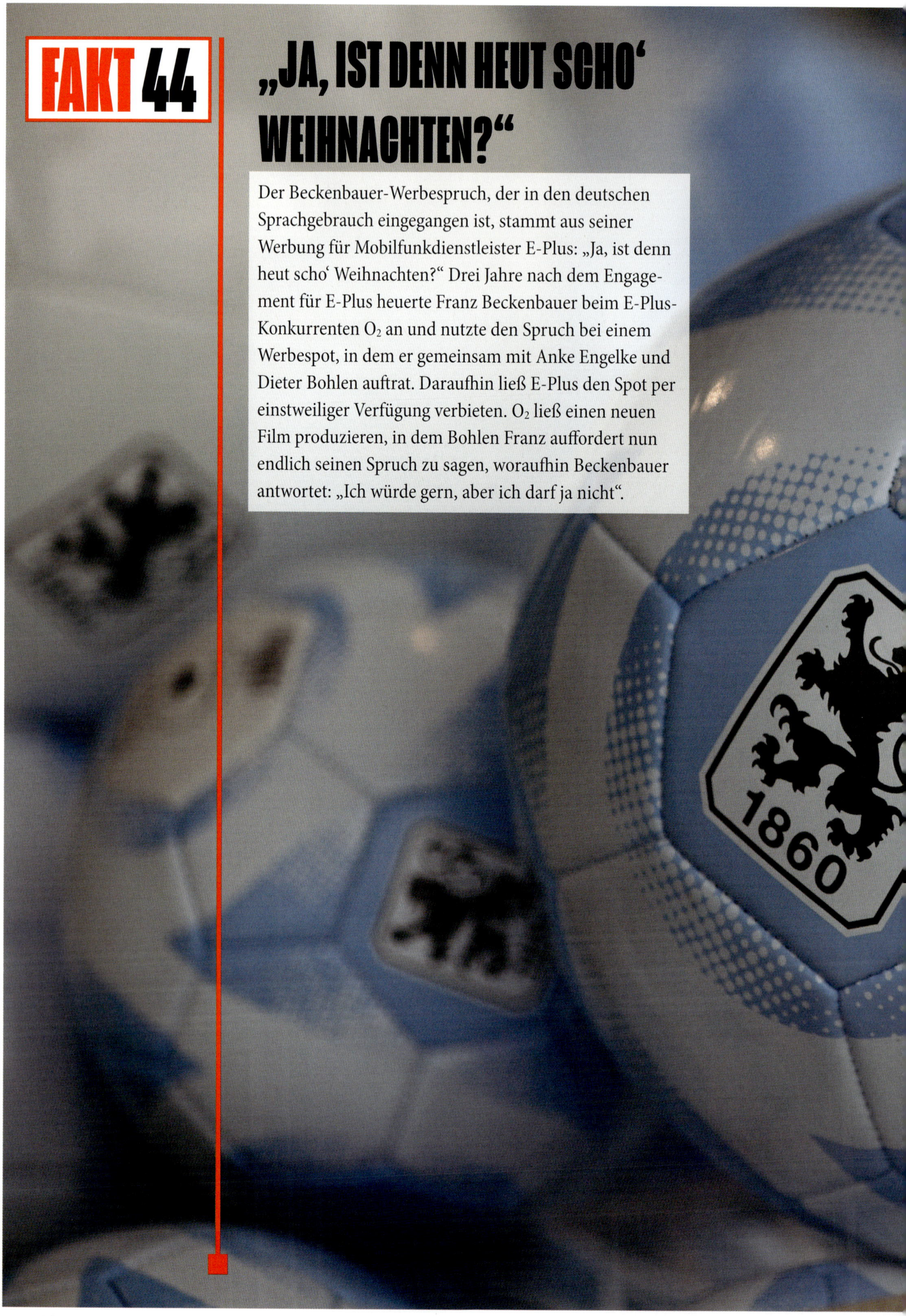

JUGEND-FUSSBALLVEREIN

FAKT 45

Als echter Giesinger spielte der junge Franz Beckenbauer beim SC München von 1906, ehe er 1958 zum FC Bayern wechselte. Heute existiert die Fußballabteilung, in der der junge Kaiser die Stollenschuhe schnürte, nicht mehr. Sie schloss sich 2008 mit dem FC Haidhausen zur SpVgg 1906 Haidhausen zusammen. Die alte Spielstätte des SC 1906 gegenüber dem Wohnhaus der Familie Beckenbauer in der Zugspitzstraße ist bis heute ein Fußballplatz.

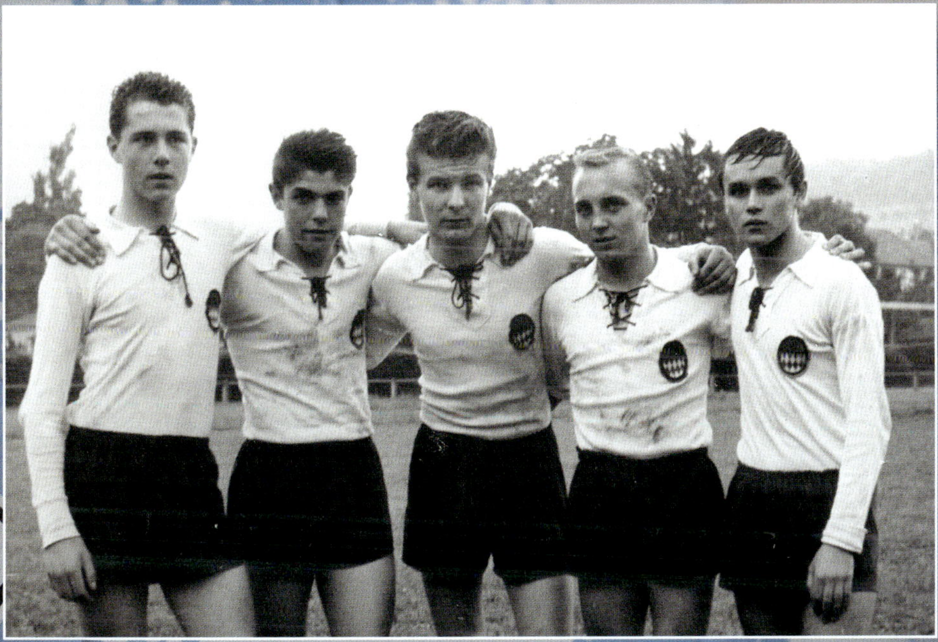

JUNGER VATER

FAKT 46

Bereits mit 18 wurde Franz Beckenbauer zum ersten Mal Vater. Seine Jugendliebe Ingrid Grönke, eine Kollegin bei der Allianz, brachte 1963 seinen ersten Sohn Thomas zur Welt. Wenig später heiratete Franz seine erste Frau Brigitte, sie adoptierte Thomas. Später vervollständigten die Söhne Stefan und Michael die junge Familie. Thomas Beckenbauer hielt sich aus dem Fußballgeschäft heraus, heute arbeitet er als Vermögensverwalter.

FAKT 47

KAISER FRANZ

Woher kommt eigentlich der Spitzname Kaiser? Im DFB-Pokal-Finale am 14. Juni 1969 im Frankfurter Waldstadion besiegte FC Bayern München FC Schalke 04 mit 2:1 und sicherte sich damals nach 1957, 1966 und 1967 zum vierten Mal die begehrte Trophäe. Franz Beckenbauer lieferte eine überragende Leistung ab und wurde danach in der Presse erstmals als Kaiser tituliert. In den Reihen der Königsblauen stand Reinhard „Stan" Libuda, der vom Schalker Anhang als „König von Westfalen" verehrt wurde.

FAKT 48

KAISERS ONKEL

Franz war nicht der erste Beckenbauer, der beim FC Bayern München aktiv war. Sein Onkel Alfons spielte zwischen 1932 und 1934 für die Bayern in der Bezirksliga, wurde sogar mit den Bayern Südbayerischer Meister. Außerdem wurde er in Auswahlmannschaften des ATSB berufen, einem sozialistisch orientierten Sportverband der Arbeiterbewegung. Bereits 1934 beendet er im Alter von 26 Jahren seine Fußballkarriere.

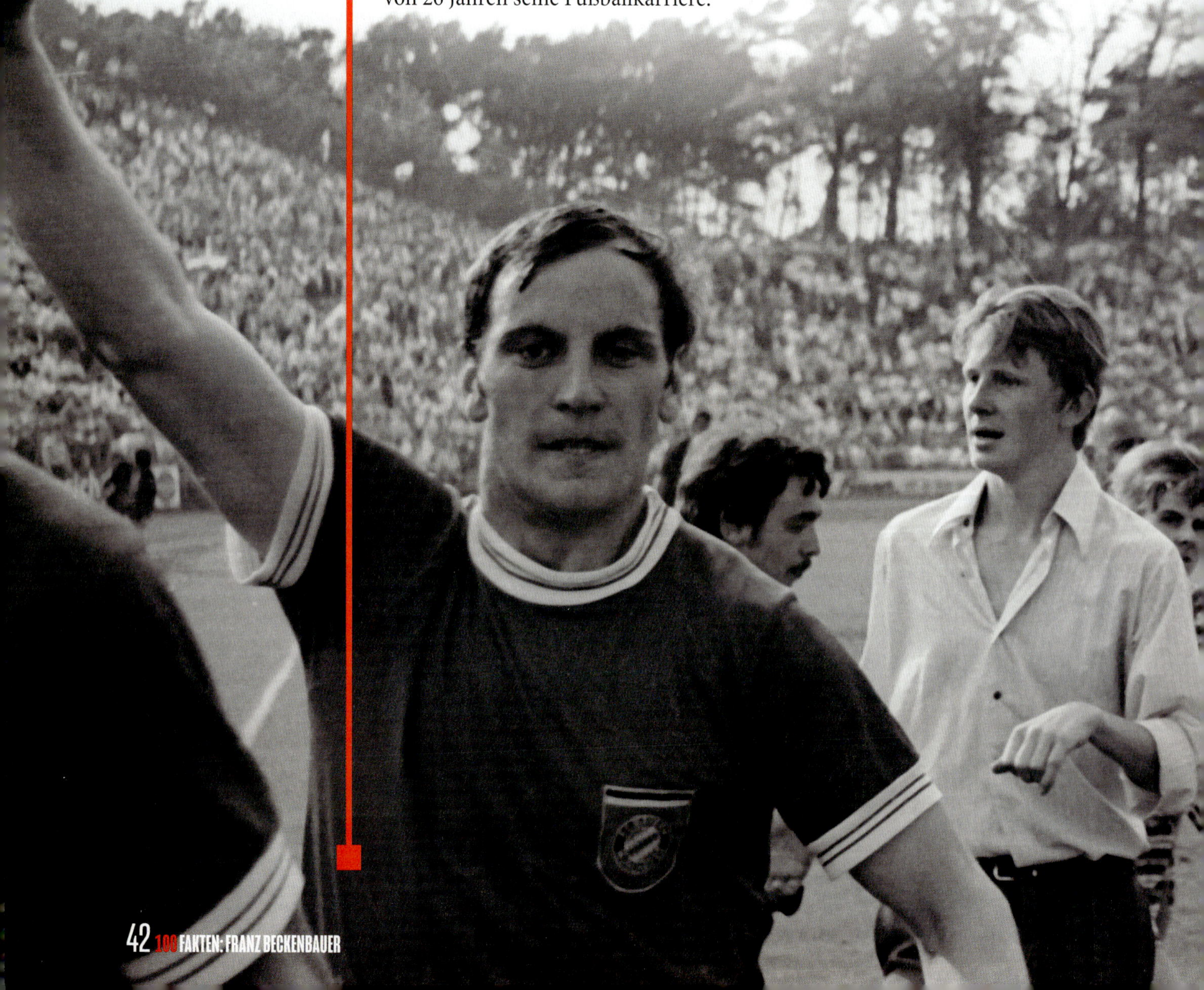

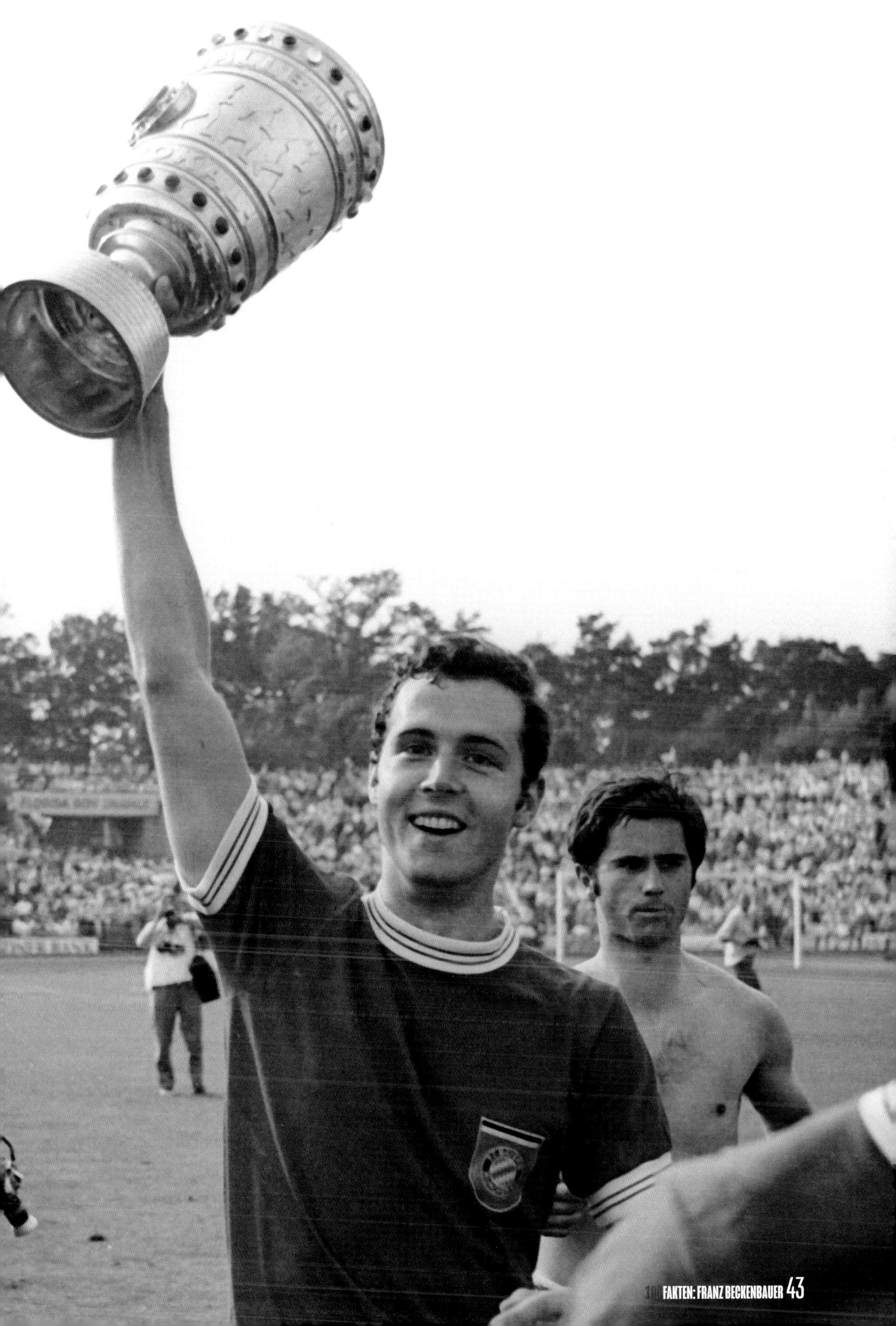

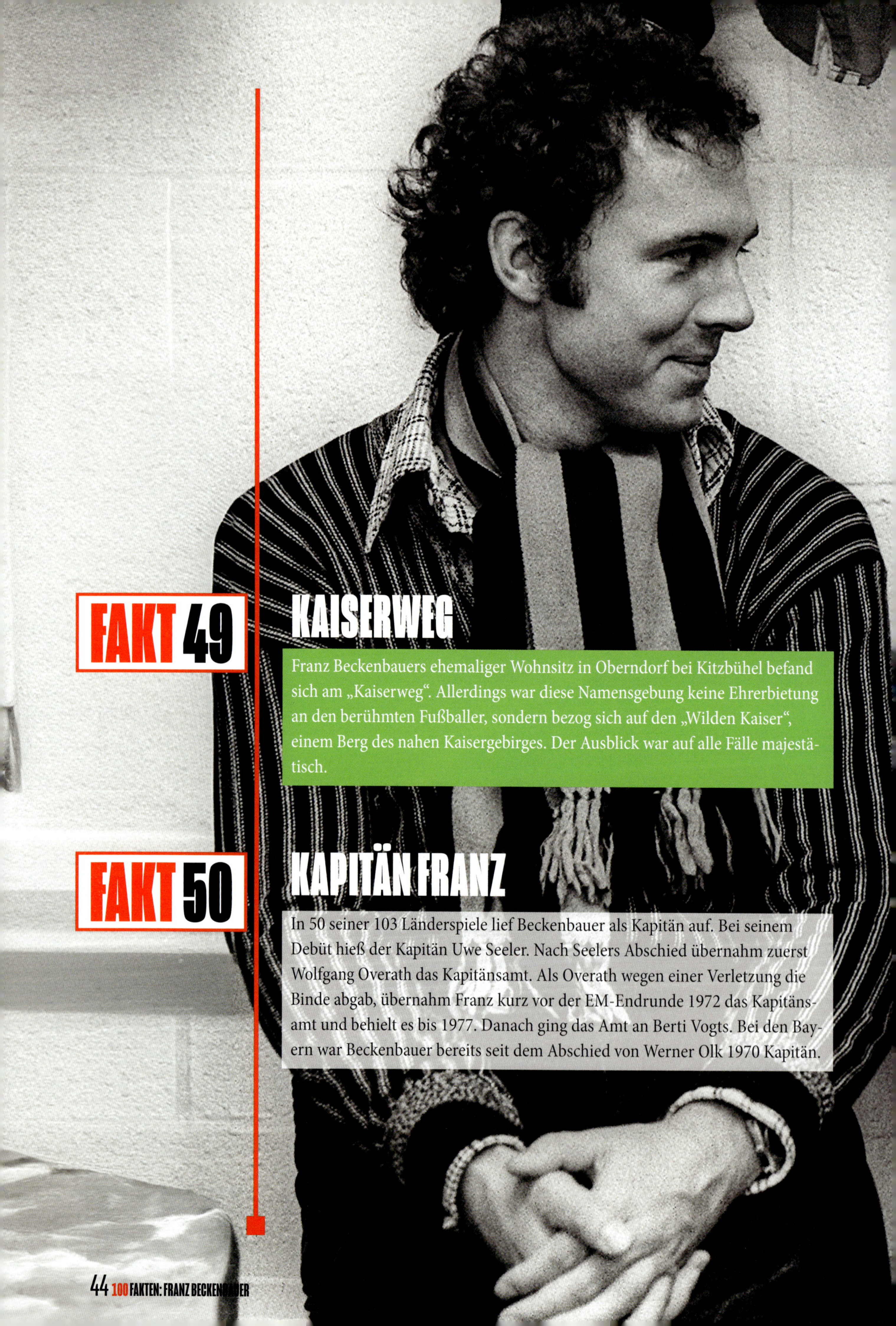

FAKT 49

KAISERWEG

Franz Beckenbauers ehemaliger Wohnsitz in Oberndorf bei Kitzbühel befand sich am „Kaiserweg". Allerdings war diese Namensgebung keine Ehrerbietung an den berühmten Fußballer, sondern bezog sich auf den „Wilden Kaiser", einem Berg des nahen Kaisergebirges. Der Ausblick war auf alle Fälle majestätisch.

FAKT 50

KAPITÄN FRANZ

In 50 seiner 103 Länderspiele lief Beckenbauer als Kapitän auf. Bei seinem Debüt hieß der Kapitän Uwe Seeler. Nach Seelers Abschied übernahm zuerst Wolfgang Overath das Kapitänsamt. Als Overath wegen einer Verletzung die Binde abgab, übernahm Franz kurz vor der EM-Endrunde 1972 das Kapitänsamt und behielt es bis 1977. Danach ging das Amt an Berti Vogts. Bei den Bayern war Beckenbauer bereits seit dem Abschied von Werner Olk 1970 Kapitän.

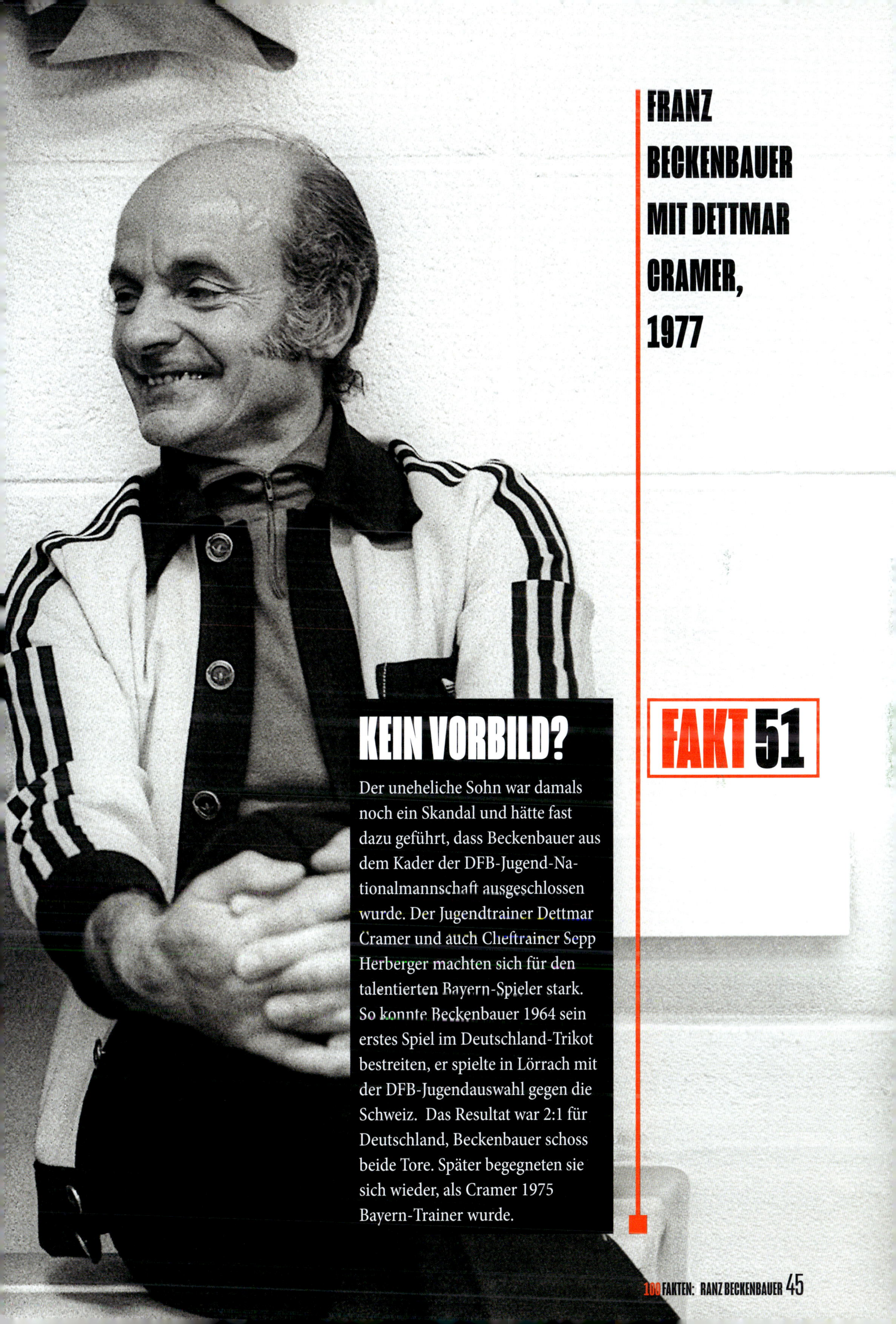

FRANZ BECKENBAUER MIT DETTMAR CRAMER, 1977

FAKT 51

KEIN VORBILD?

Der uneheliche Sohn war damals noch ein Skandal und hätte fast dazu geführt, dass Beckenbauer aus dem Kader der DFB-Jugend-Nationalmannschaft ausgeschlossen wurde. Der Jugendtrainer Dettmar Cramer und auch Cheftrainer Sepp Herberger machten sich für den talentierten Bayern-Spieler stark. So konnte Beckenbauer 1964 sein erstes Spiel im Deutschland-Trikot bestreiten, er spielte in Lörrach mit der DFB-Jugendauswahl gegen die Schweiz. Das Resultat war 2:1 für Deutschland, Beckenbauer schoss beide Tore. Später begegneten sie sich wieder, als Cramer 1975 Bayern-Trainer wurde.

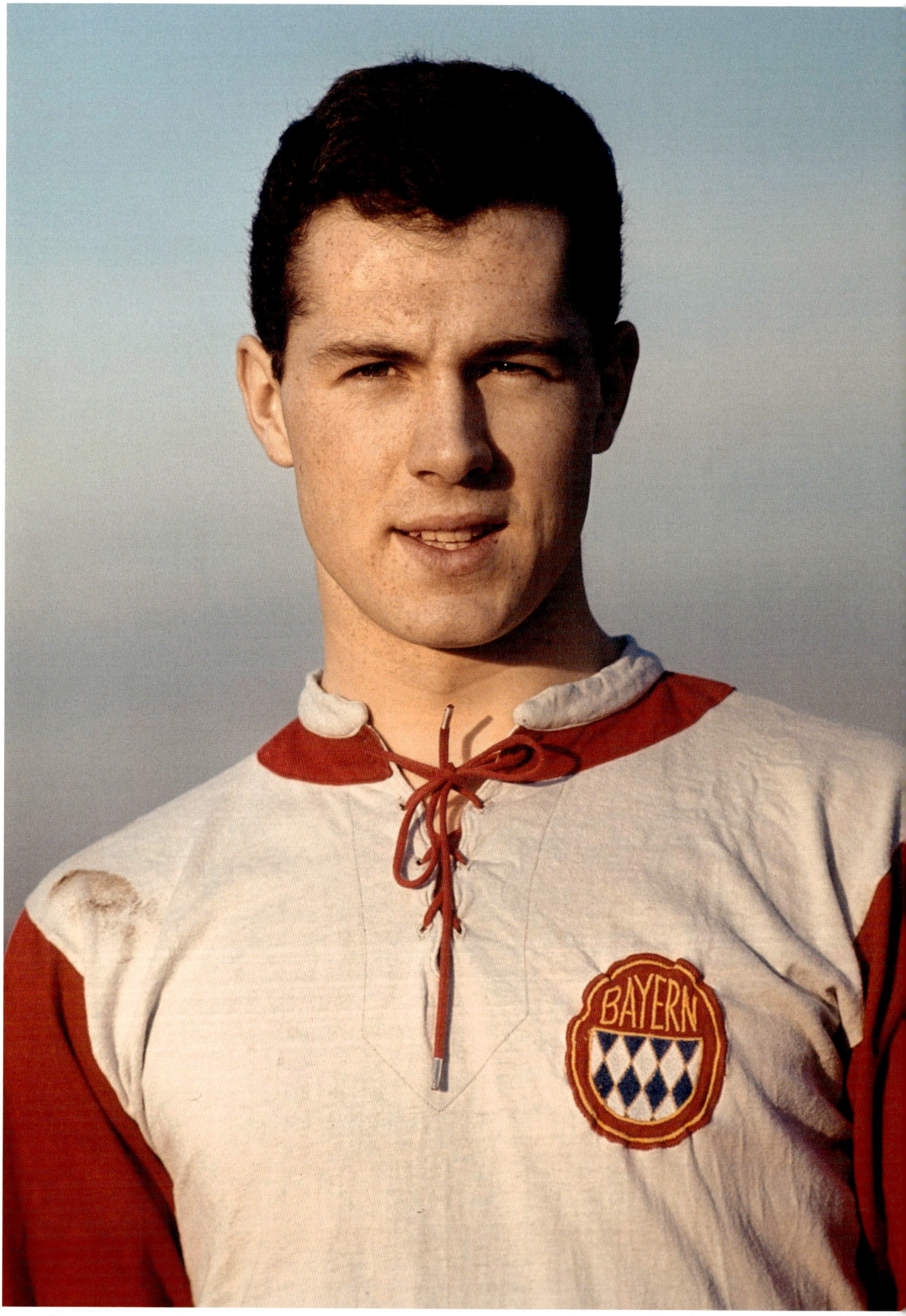
BAYERN

KINDERGARTEN? NEIN DANKE!

FAKT 52

Franz Beckenbauer und sein Bruder Walter büxten immer wieder aus dem Kindergarten aus, um Fußball zu spielen. Irgendwann wurde es der Ordensschwester, die die Einrichtung leitete, zu bunt und sie erklärte der Mutter, dass die beiden Rabauken dem Kindergarten besser fernblieben: „Frau Beckenbauer, seien's mir nicht bös – mit denen zwei, des wird nix bei uns.“ Antonie Beckenbauer war ihren Söhnen nicht böse und ließ die beiden dem Leder hinterherjagen, erinnerte sich Walter viele Jahre später.

KITZBÜHLER KARPFEN

FAKT 53

Franz Beckenbauer lud bis zuletzt jährlich zum Karpfenessen nach Kitzbühel ein. 2023 fand das traditionelle Essen zum 34. Mal statt. Eine der dabei entstandenen Traditionen: Gäste nehmen eine Schuppe des Karpfens als Talisman mit. Ansonsten mochte es der Kaiser gern deftig. Selbst als Superstar kam er oft nach Hause, um die Hausmannskost seiner Mutter Antonie zu genießen. Dass gegessen wurde, was auf den Tisch kommt, versteht sich von selbst.

KNORR AUF DEN TISCH

FAKT 54

Franz Beckenbauer wird bereits 1966 zum ersten Werbestar des deutschen Fußballs. Der Spot für Knorr-Suppe wird im heimischen Wohnzimmer gedreht. Franz schöpft Suppe aus einer Terrine und sagt noch etwas ungelenk „Kraft auf den Teller, Knorr auf den Tisch“. „Denken Sie an Franz Beckenbauer“, sagt danach eine Stimme aus dem Off, während Beckenbauers Tor zum 3:0 im WM-Vorrundenspiel gegen die Schweiz über den Bildschirm lauft. 12.000 DM kassiert er angeblich für diesen Werbeeinsatz für Knorr. Franz Beckenbauers Werbung für Knorr-Suppen aus dem Jahr 1996 holte ihn als Teamchef 20 Jahre später wieder ein. Torhüter Uli Stein, der mit Toni Schumacher um den Platz in der Startelf konkurrieren wollte, bezeichnete Franz Beckenbauer als Suppenkasper und musste von der WM in Mexiko abreisen – wohl nicht auf Betreiben Beckenbauers, sondern auf Wunsch der DFB-Delegationsleitung.

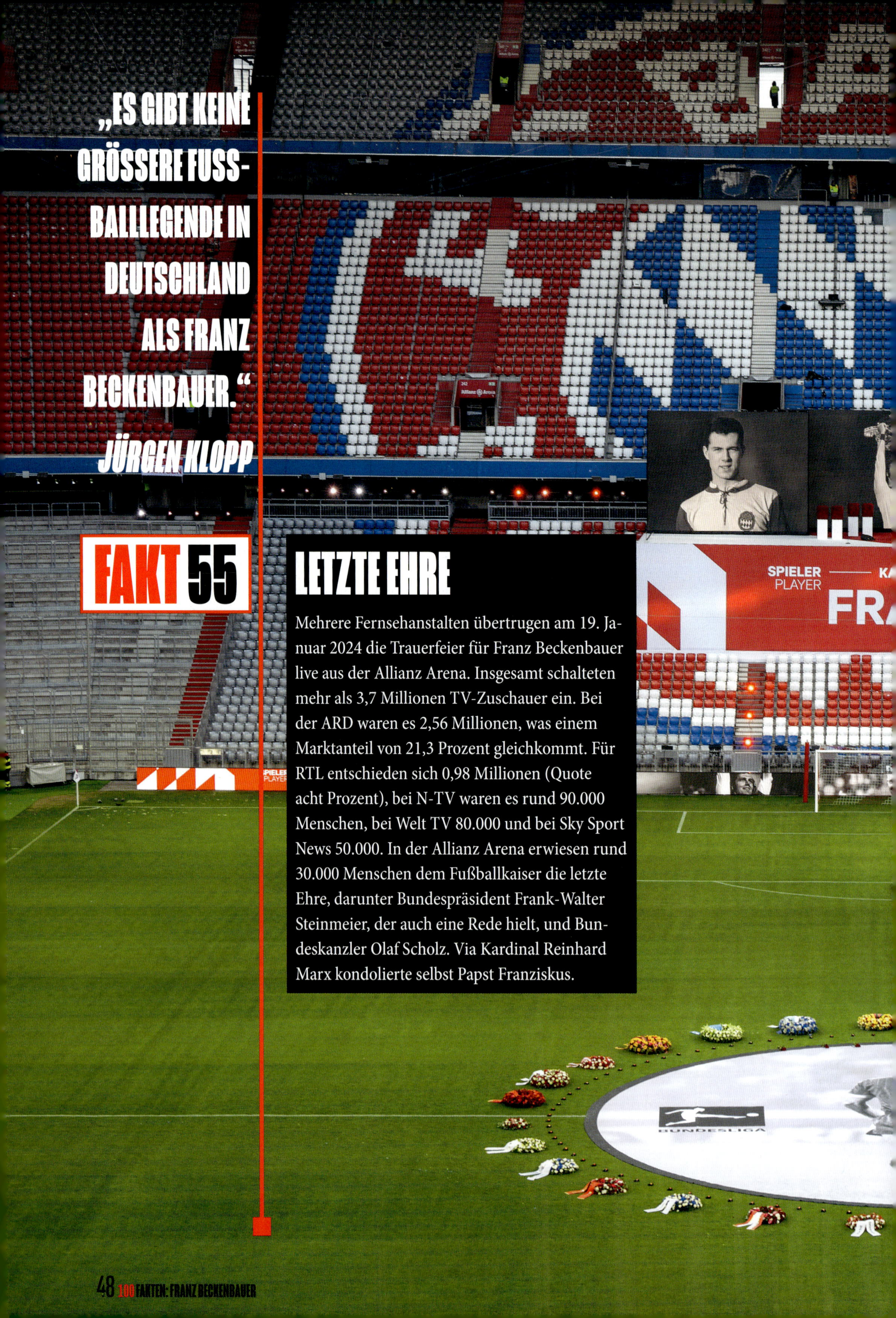

„ES GIBT KEINE GRÖSSERE FUSS-BALLLEGENDE IN DEUTSCHLAND ALS FRANZ BECKENBAUER.“

JÜRGEN KLOPP

FAKT 55

LETZTE EHRE

Mehrere Fernsehanstalten übertrugen am 19. Januar 2024 die Trauerfeier für Franz Beckenbauer live aus der Allianz Arena. Insgesamt schalteten mehr als 3,7 Millionen TV-Zuschauer ein. Bei der ARD waren es 2,56 Millionen, was einem Marktanteil von 21,3 Prozent gleichkommt. Für RTL entschieden sich 0,98 Millionen (Quote acht Prozent), bei N-TV waren es rund 90.000 Menschen, bei Welt TV 80.000 und bei Sky Sport News 50.000. In der Allianz Arena erwiesen rund 30.000 Menschen dem Fußballkaiser die letzte Ehre, darunter Bundespräsident Frank-Walter Steinmeier, der auch eine Rede hielt, und Bundeskanzler Olaf Scholz. Via Kardinal Reinhard Marx kondolierte selbst Papst Franziskus.

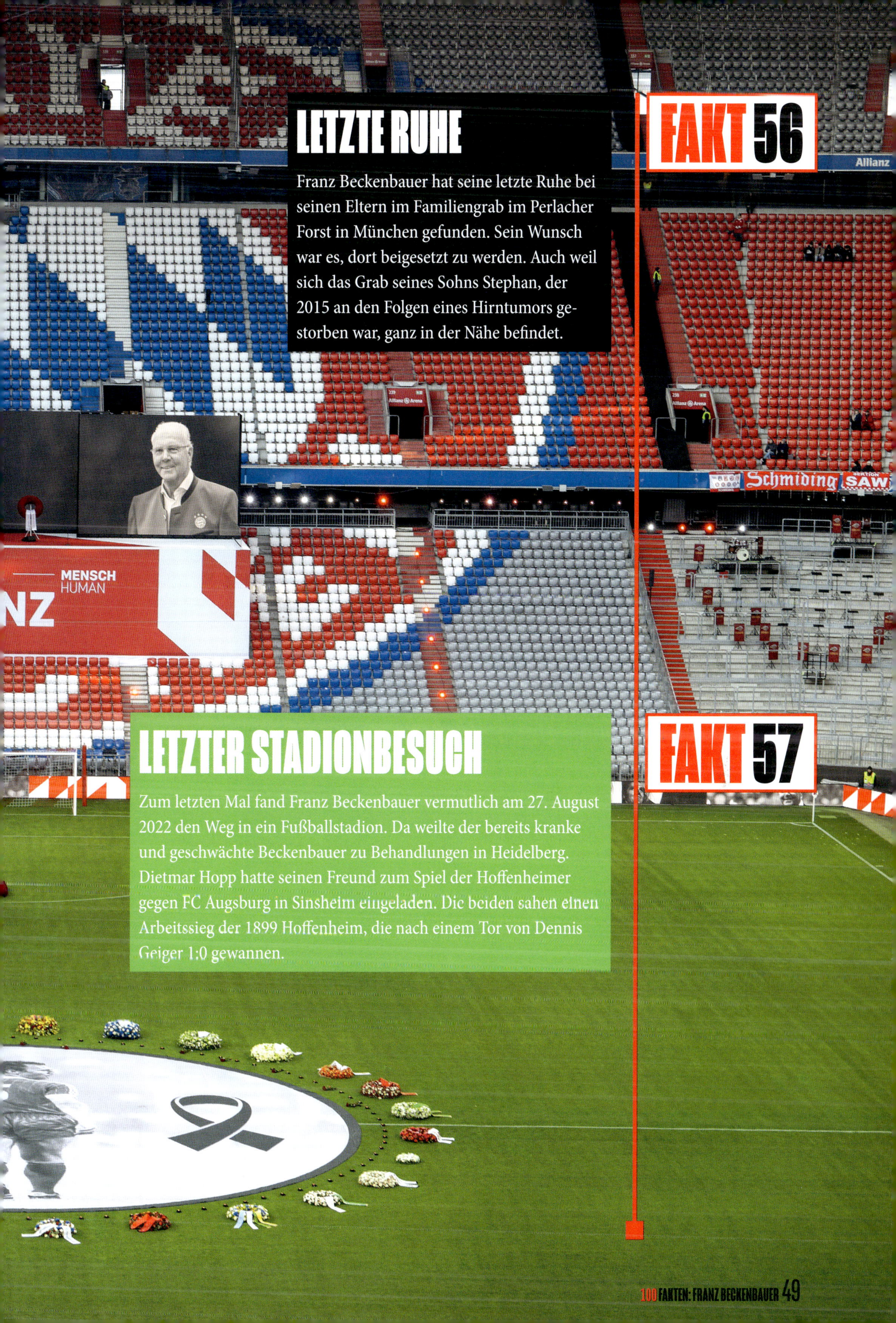

FAKT 56

LETZTE RUHE

Franz Beckenbauer hat seine letzte Ruhe bei seinen Eltern im Familiengrab im Perlacher Forst in München gefunden. Sein Wunsch war es, dort beigesetzt zu werden. Auch weil sich das Grab seines Sohns Stephan, der 2015 an den Folgen eines Hirntumors gestorben war, ganz in der Nähe befindet.

FAKT 57

LETZTER STADIONBESUCH

Zum letzten Mal fand Franz Beckenbauer vermutlich am 27. August 2022 den Weg in ein Fußballstadion. Da weilte der bereits kranke und geschwächte Beckenbauer zu Behandlungen in Heidelberg. Dietmar Hopp hatte seinen Freund zum Spiel der Hoffenheimer gegen FC Augsburg in Sinsheim eingeladen. Die beiden sahen einen Arbeitssieg der 1899 Hoffenheim, die nach einem Tor von Dennis Geiger 1:0 gewannen.

FAKT 58

LEW JASCHIN

Ein enger Freund Franz Beckenbauers war der bereits 1990 verstorbene russische Weltklasse-Torwart Lew Jaschin, der von der International Federation of Football History & Statistics (IFFHS) zum besten Torhüter des 20. Jahrhunderts gewählt wurde. Die beiden Ausnahmekönner verband über Jahrzehnte eine enge Freundschaft. Im Jahr 1986 organisierte Beckenbauer für Jaschin, dem ein Bein amputiert worden war, eine Beinprothese. Auf dem Platz standen sich die beiden zum ersten Mal bei der WM 1966 im Halbfinale gegenüber. Beim 2:1 Sieg der deutschen Mannschaft über die Auswahl der Sowjetunion überwand der junge Franz Beckenbauer den 36-jährigen Weltklasse-Torwart mit einem Distanzschuss zum zwischenzeitlichen 2:0.

FAKT 59

LICHTGESTALT

Zu den ikonischen Bildern des Fußball-Kaisers zählen auch jene, die ihn nach dem WM-Finale von Rom 1990 zeigen, wie er scheinbar allein und gedankenverloren mit umgehängter Weltmeister-Medaille über den Rasen schreitet. Die Medaille schenkte er danach dem damaligen DFB-Medienchef Wolfgang Niersbach. „Wir haben genug davon", habe er gesagt, erinnerte sich Niersbach später. Doch es gab tatsächlich je eine pro Spieler und Teammitglied. Später übergab der Beschenkte die Medaille wieder dem ursprünglichen Empfänger. Inzwischen ist sie im deutschen Fußballmuseum in Dortmund zu sehen. Ebenfalls in Dortmund ausgestellt ist der Elfmeterpunkt, von dem aus Andreas Brehme zum 1:0 gegen Argentinien verwandelte.

FAKT 60

LIED ZUM ABSCHIED

Eines der Lieder, das Star-Tenor Jonas Kaufmann bei der Trauerfeier in der Arena sang, war nicht wie häufig berichtet die italienische Version von „Time to say Goodbye", die italienische Fassung ist das Original. Andrea Bocelli trat mit „Con te partiro (dt.: Mit dir werde ich gehen) zum ersten Mal 1995 beim San Remo Festival auf. Richtig bekannt wurde der Song allerdings erst 1996 in der englischen Version, als es zum Titelsong des letzten Profi-Boxkampfes von Henry Maske gegen Virgil Hill wurde – gesungen von Andrea Bocelli und der Sopranistin Sarah Brightman.

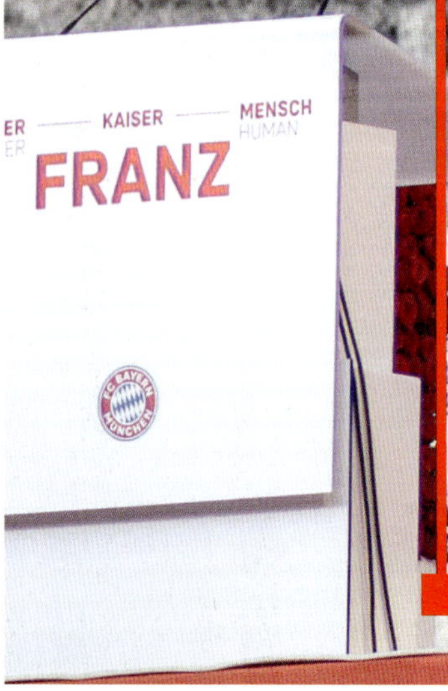

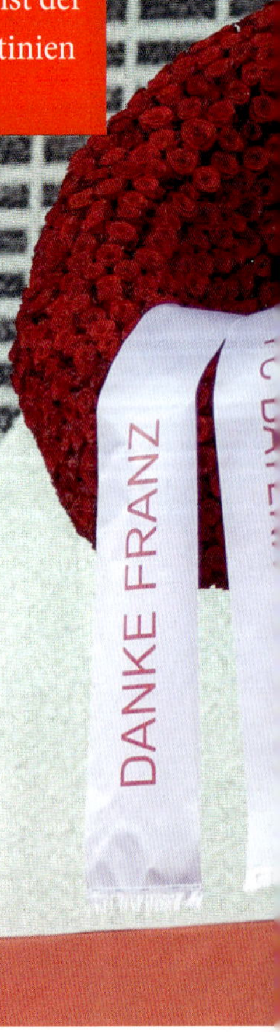

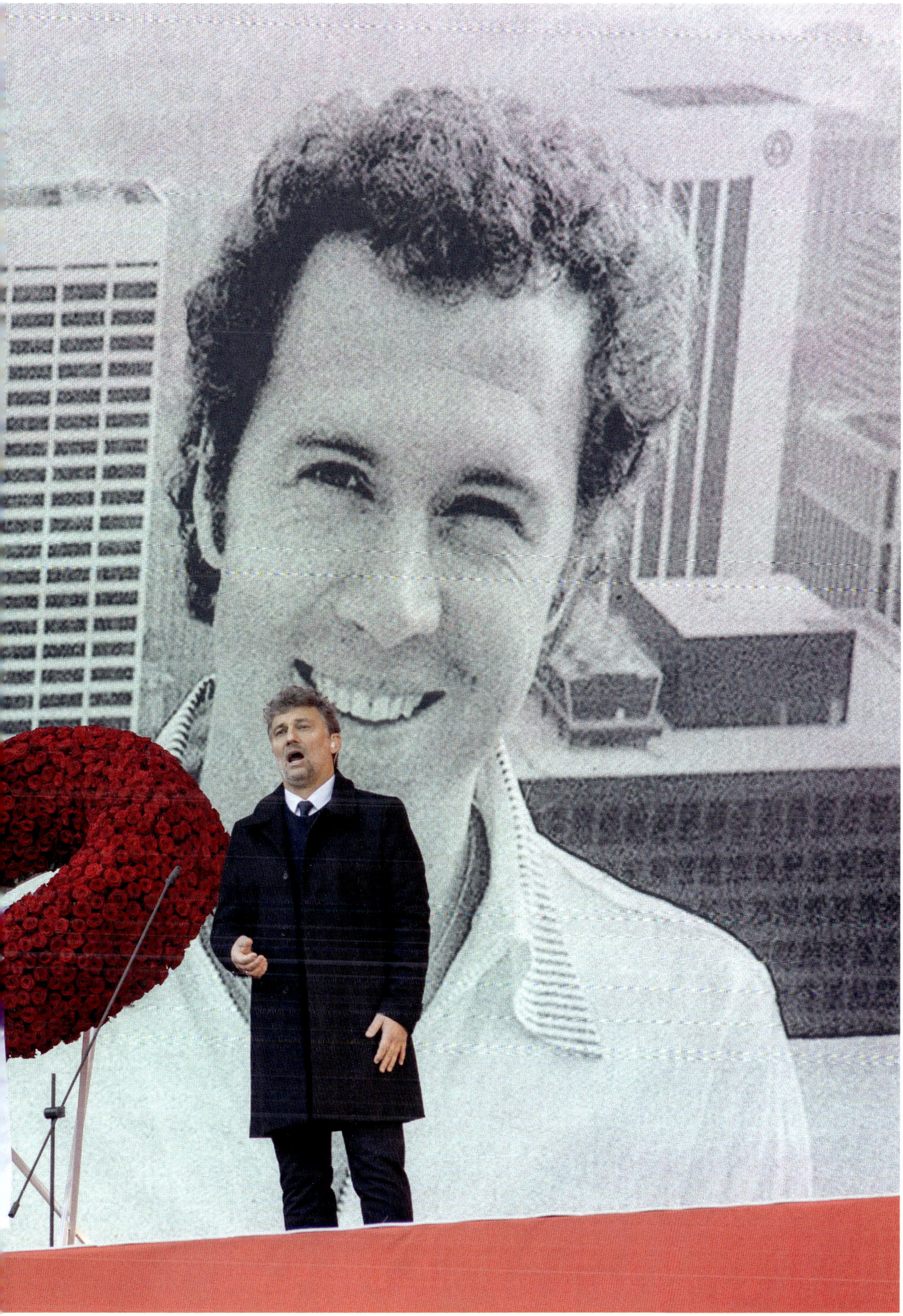

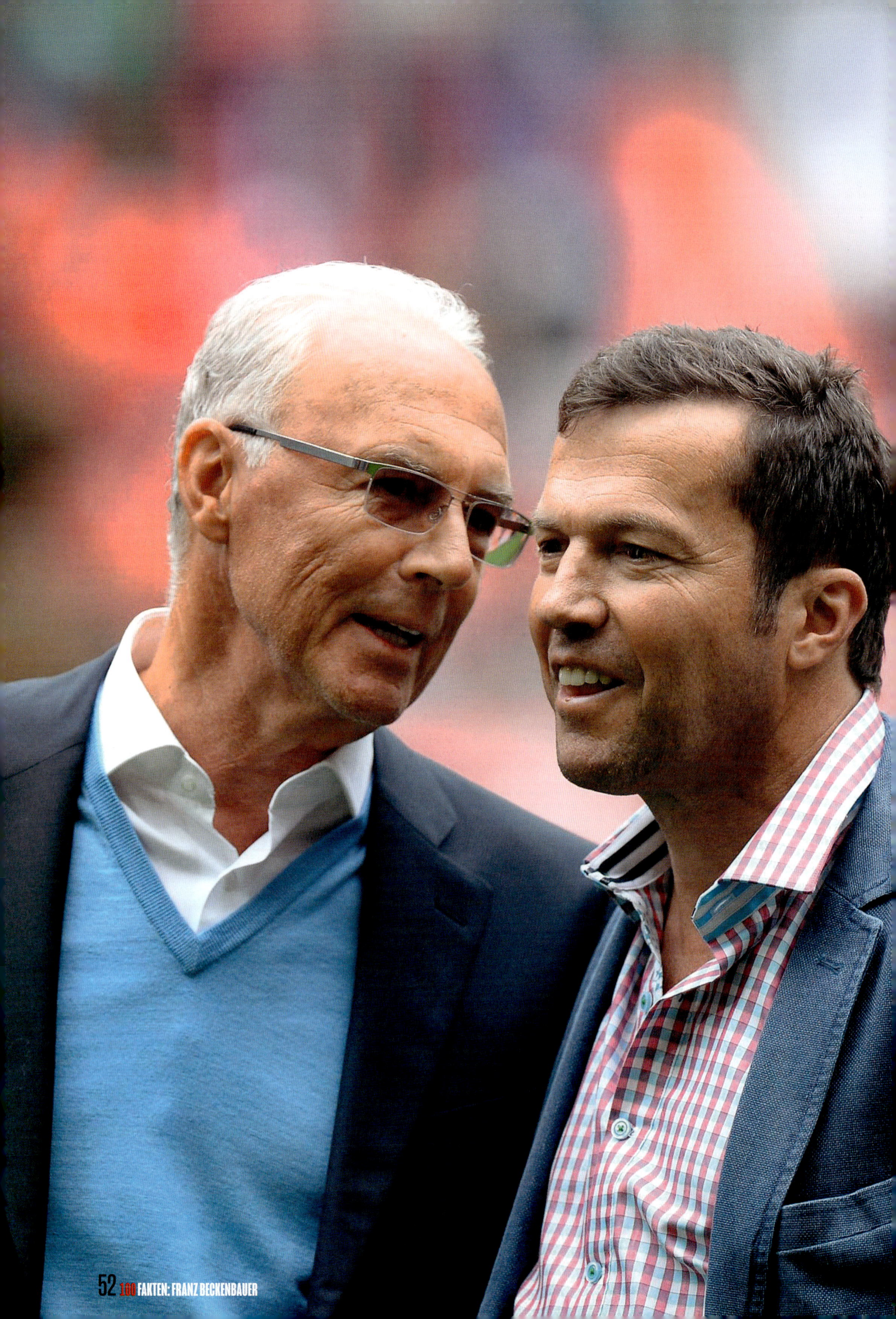

FAKT 61

LIBERO

Auch wenn Franz Beckenbauer der prägende Spieler für diese Position war, erfunden wurde das Spielsystem bereits viel früher. Es geht auf den österreichischen Trainer Karl Rappan zurück, der die Schweizer Nationalmannschaft bei der WM 1938 erstmals mit einem freien Verteidiger hinter einer Abwehrreihe spielen ließ, dem sogenannten Schweizer Riegel. Später verfeinerten italienische Trainer das System zum „Catenaccio“ (dt.: Riegel), daher auch der italienische Name Libero für den zentralen Abwehrspieler.

FAKT 62

LIEBLINGSMUSIK

Auch wenn sich Franz Beckenbauer in den 1970er-Jahren auf Drängen seiner damaligen Frau Brigitte bei den Wagner-Festspielen im Pelzmantel in Bayreuth zeigte, galt seine musikalische Liebe den italienischen Opern. Wenn Luciano Pavarotti Giacomo Puccinis „Nessun dorma“ (dt.: „Keiner schlafe“) aus der Oper Turandot schmetterte, huschte immer ein Lächeln über sein Gesicht. Der Kaiser mochte aber auch die „leichte Musik“. Auf dem Weg zu den Wagner-Festspielen bat er einmal, vom Klassikkanal auf einen Radiosender zu wechseln, der Popmusik im Programm hatte.

FAKT 63

LOTHAR MATTHÄUS

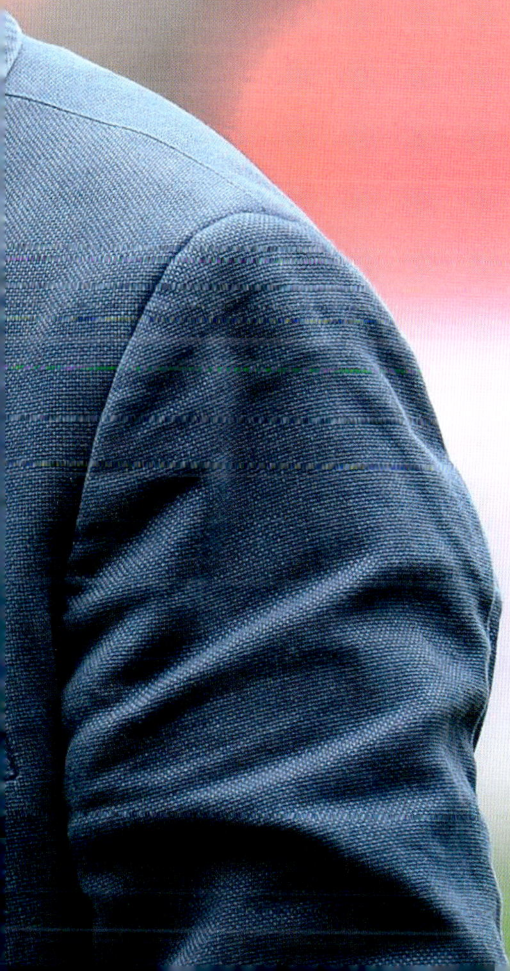

Am 17. November 1993 löst Lothar Matthäus Beckenbauer als deutschen Rekord-Nationalspieler ab. In Köln absolviert er sein 104. Länderspiel beim 2:1-Sieg im Freundschaftsspiel gegen Brasilien. Außer Matthäus stehen acht weitere Weltmeister von 1990 in der vom ehemaligen Beckenbauer-Assistenten Berti Vogts trainierten DFB-Auswahl. Nur Thomas Helmer und Stefan Effenberg sowie die später eingewechselten Maurizio Gaudino und Ulf Kirsten gehörten nicht zu Beckenbauers 90er-Aufgebot. Insgesamt kommt Matthäus bis zu seinem Karriereende auf 150 Länderspiele. Damit ist er bis heute deutscher Rekord-Nationalspieler, Franz Beckenbauer rangiert mit seinen 103 Berufungen auf Rang 12.

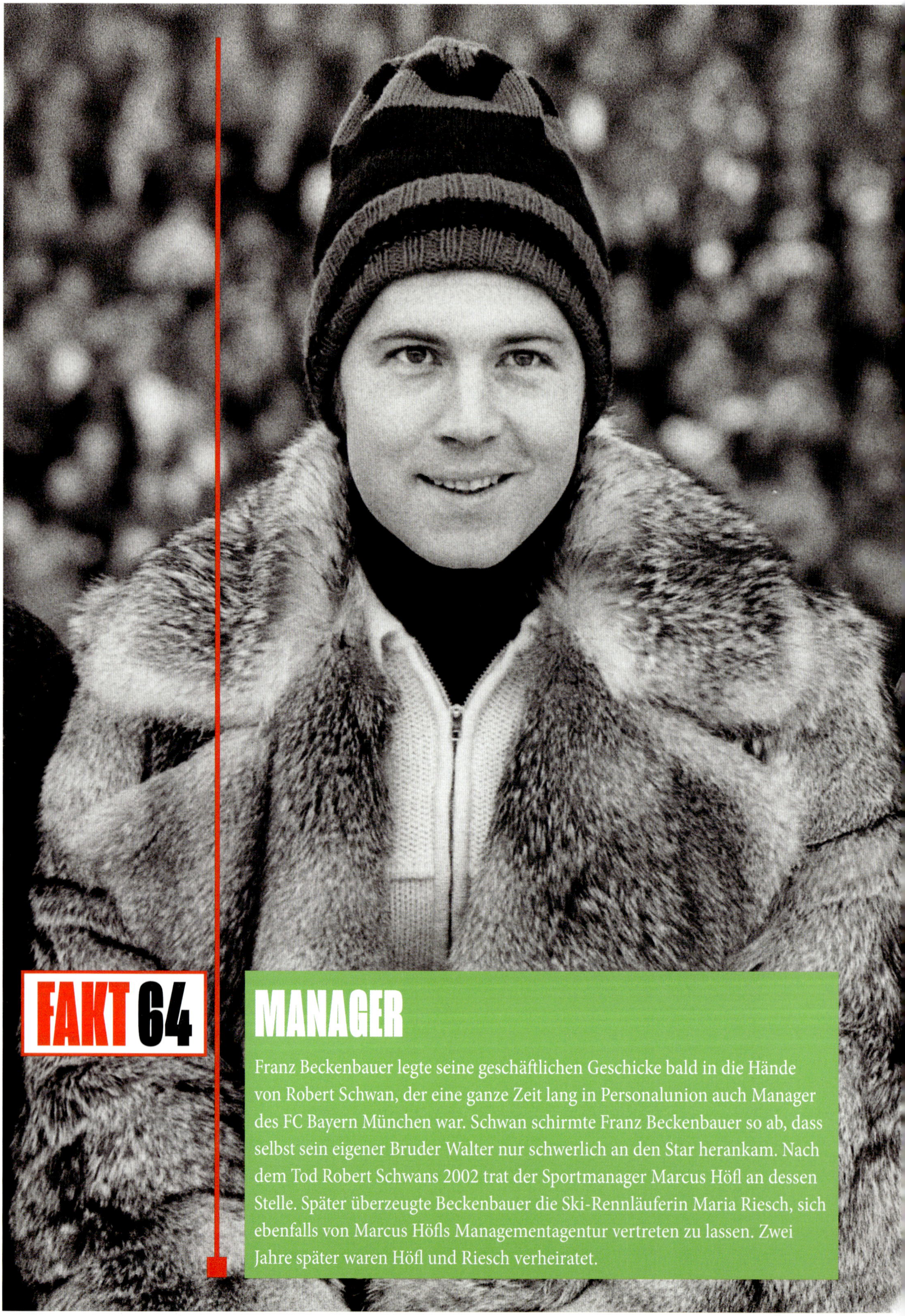

FAKT 64

MANAGER

Franz Beckenbauer legte seine geschäftlichen Geschicke bald in die Hände von Robert Schwan, der eine ganze Zeit lang in Personalunion auch Manager des FC Bayern München war. Schwan schirmte Franz Beckenbauer so ab, dass selbst sein eigener Bruder Walter nur schwerlich an den Star herankam. Nach dem Tod Robert Schwans 2002 trat der Sportmanager Marcus Höfl an dessen Stelle. Später überzeugte Beckenbauer die Ski-Rennläuferin Maria Riesch, sich ebenfalls von Marcus Höfls Managementagentur vertreten zu lassen. Zwei Jahre später waren Höfl und Riesch verheiratet.

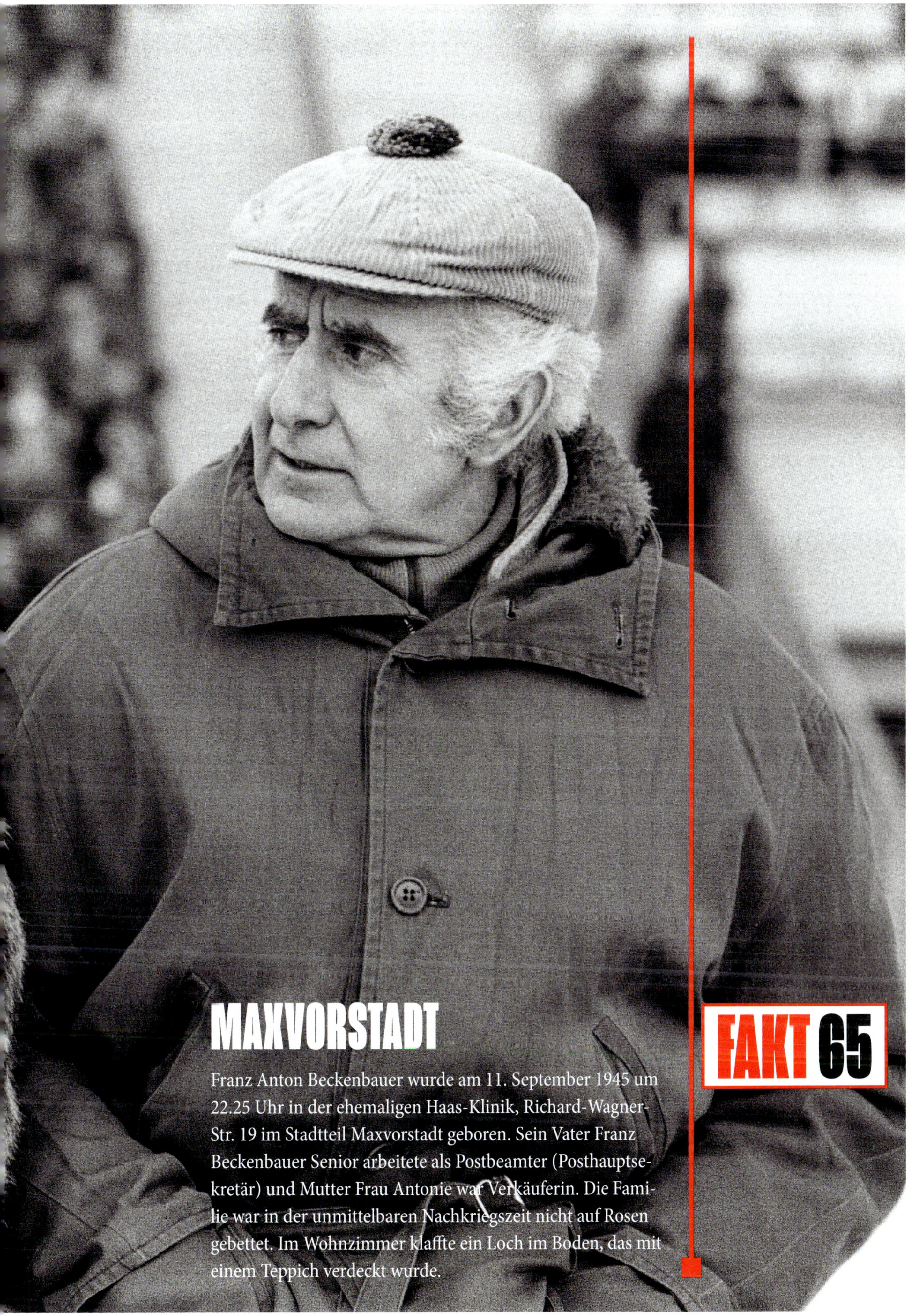

FAKT 65

MAXVORSTADT

Franz Anton Beckenbauer wurde am 11. September 1945 um 22.25 Uhr in der ehemaligen Haas-Klinik, Richard-Wagner-Str. 19 im Stadtteil Maxvorstadt geboren. Sein Vater Franz Beckenbauer Senior arbeitete als Postbeamter (Posthauptsekretär) und Mutter Frau Antonie war Verkäuferin. Die Familie war in der unmittelbaren Nachkriegszeit nicht auf Rosen gebettet. Im Wohnzimmer klaffte ein Loch im Boden, das mit einem Teppich verdeckt wurde.

FAKT 66

MITSUBISHI, LANCIA UND MERCEDES

Zu den vielen Firmen, für die Beckenbauer warb, zählt der japanische Autohersteller Mitsubishi. 1992 begann die Zusammenarbeit. Mitsubishi Deutschland legte sogar ein Sondermodell auf: den 3000 GT „Edition Beckenbauer", 30 von Franz Beckenbauer handsignierte Exemplare. Weniger bekannt ist das Engagement Beckenbauers für die italienische Marke Lancia. Nach seiner Rückkehr aus New York bewarb der Kaiser den neuen Lancia Delta im bestechend klaren und modernen Giugiaro-Design mit dem Slogan „Des Kaisers neue Kleider". Beinahe schon Kultstatus hat jener Mercedes-Werbeclip in dem erst Mika Häkkinen auf einer verschneiten Bergstraße schwungvoll einen Mercedes-Oldtimer überholt. Beim Vorbeifahren sieht er, dass Michael Schumacher am Steuer sitzt. Der Finne kommentiert: „Wusste ich's doch, Sonntagsfahrer". Kurz darauf zieht ein Mercedes G-Modell an den beiden anderen vorbei. Am Lenkrad Franz Beckenbauer, der lakonisch bemerkt: „Wusste ich's doch, Sonntagsfahrer."

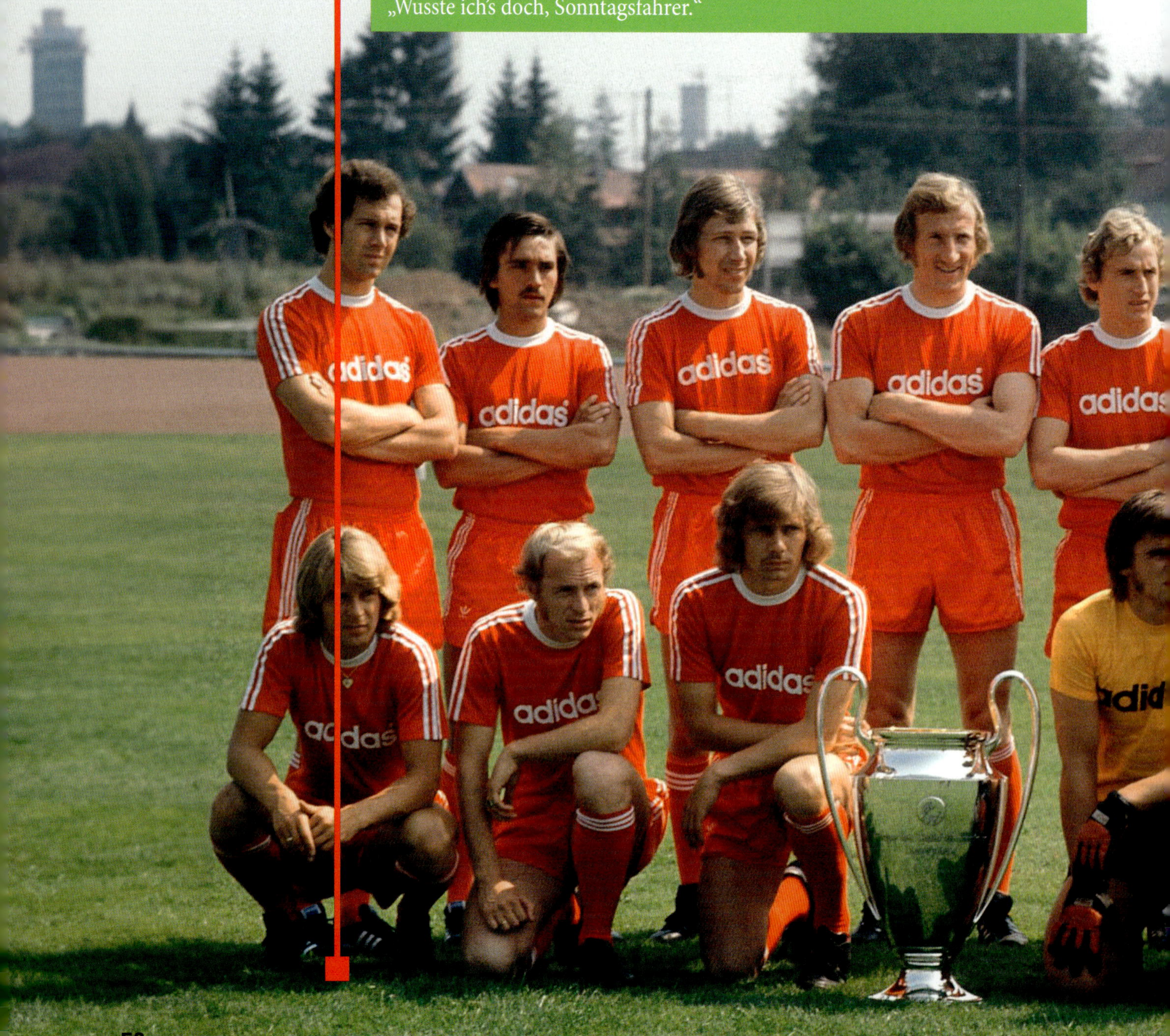

FAKT 67

MÖNCHENGLADBACH

Das denkwürdigste Auswärtsspiel in der Bundesliga erlebte Franz Beckenbauer mit seinen Bayern vermutlich am 18. Mai 1974 in Mönchengladbach. Die Bayern hatten tags zuvor das Wiederholungsspiel des Europapokalfinales der Landesmeister gegen Atletico Madrid in Brüssel mit 4:0 gewonnen und kamen nach durchgefeierter Nacht und 180 km langer Busfahrt am Bökelberg-Stadion an. „Die hätten bestimmt nicht Autofahren dürfen", erinnerte sich Gladbach-Torwart Wolfgang Kleff an die Begegnung. Borussia Mönchengladbach verzeichnete mit 5:0 den bis dahin höchsten Bundesligasieg gegen die Bayern. Das betrübte die Münchener kaum. Sie standen bereits als Meister fest und nahmen vor dem Gladbacher Publikum die Meisterschale in Empfang. Zwei Wochen später trafen sich elf Spieler, die an diesem Mai-Samstag auf dem Rasen standen, in Malente wieder. Sie gehörten zum 74er WM-Aufgebot des DFB.

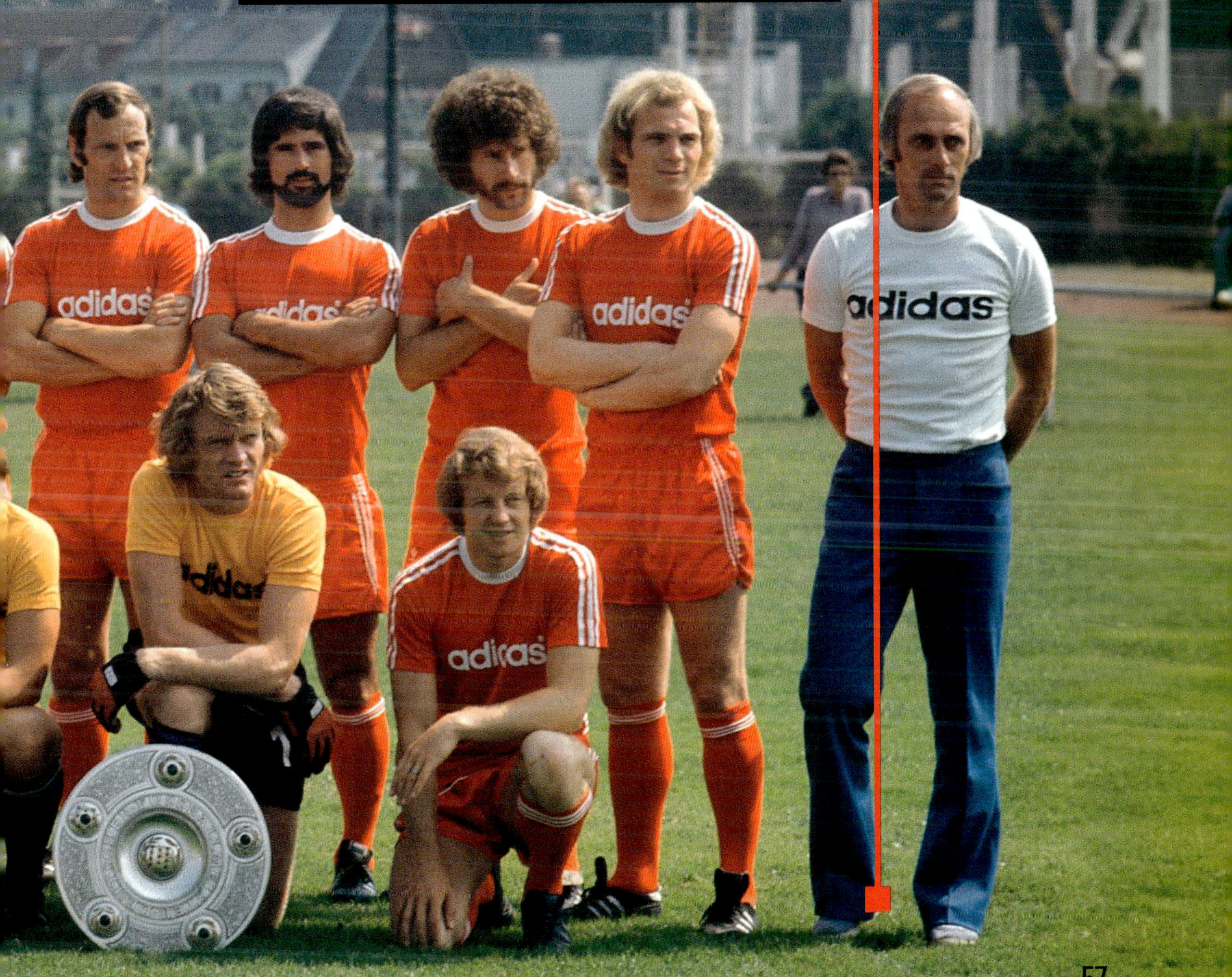

FAKT 68

NAMENSHERKUNFT

Dem gängigen Stand der Namensforschung nach bezieht sich der Nachname Beckenbauer auf den Beruf des Namensträgers. Er bezeichnet einen Bauern, der gleichzeitig auch als Brotbäcker (mhd.: Becke) tätig ist. Der Bauer muss übrigens kein Landwirt im heutigen Sinn gewesen sein, im Mittelhochdeutschen bezeichnet das Wort „Bur“ einen Dorfgenossen, jemanden, der eine Heimstatt gebaut hat. Verbreitet ist der Nachname vor allem in Mittelfranken und Oberbayern.

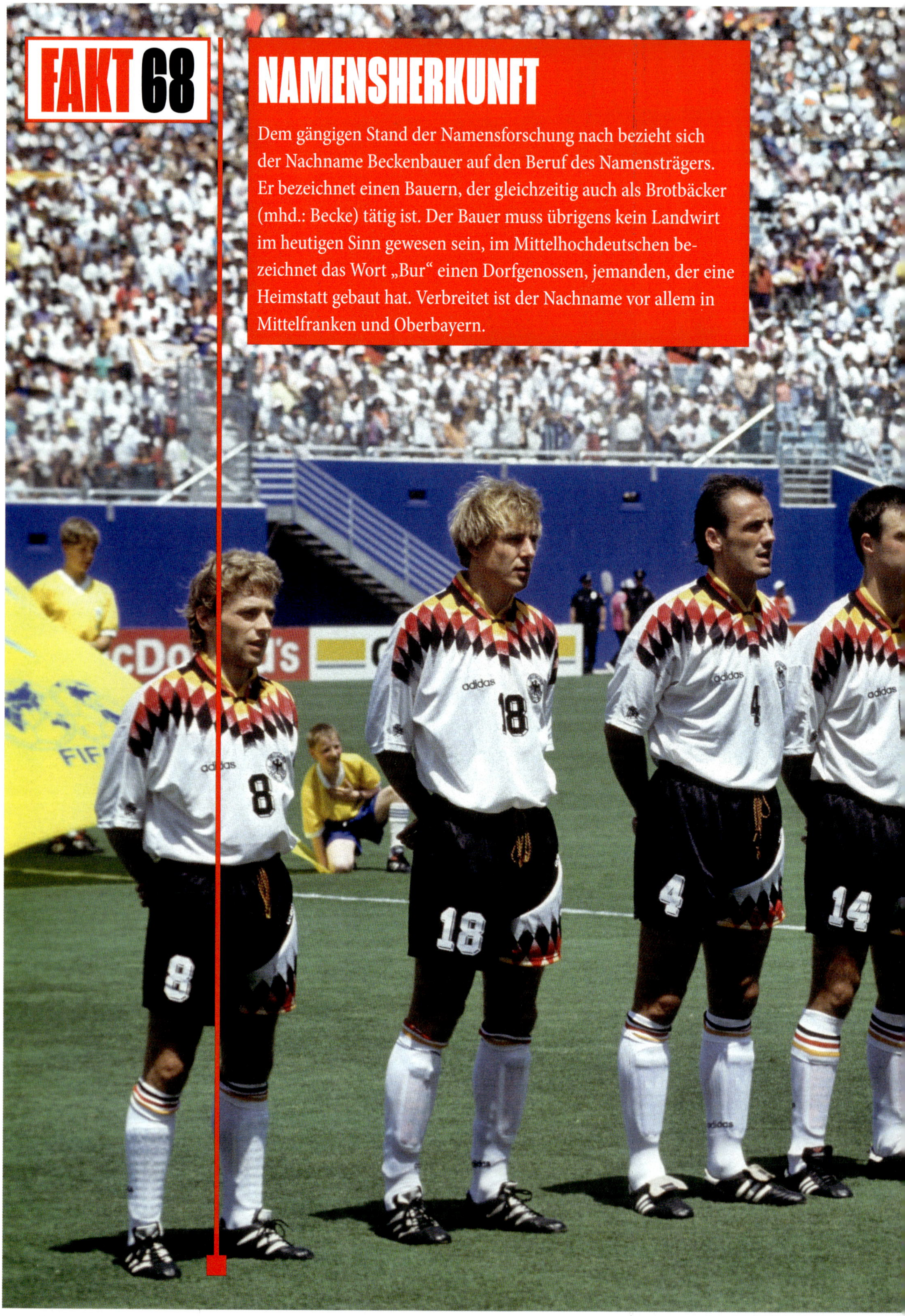

NATIONALHYMNE

FAKT 69

Zu den Neuerungen, die Franz Beckenbauer als Teamchef bei seinen Spielern einführte, zählte das Mitsingen der Hymne, ein Thema, das seither immer wieder für Diskussionen sorgt. Bei seinem Debüt gegen Argentinien missfiel ihm das Bild, das seine Mannschaft während der Hymnen abgab: „Der eine bohrt in der Nase, der nächste kaut Kaugummi und ein anderer schaut in der Gegend herum", soll der Teamchef gemosert haben. Für das nächste Spiel wurde Mitsingen angeordnet. Damit das auch klappte, wurden vor dem Spiel gegen Schweden am 17. Oktober 1994 Textblätter mit der Hymne an die Spieler verteilt. Beckenbauers Team gewann nach der Gesangseinlage das WM-Qualifikationsspiel 2:0.

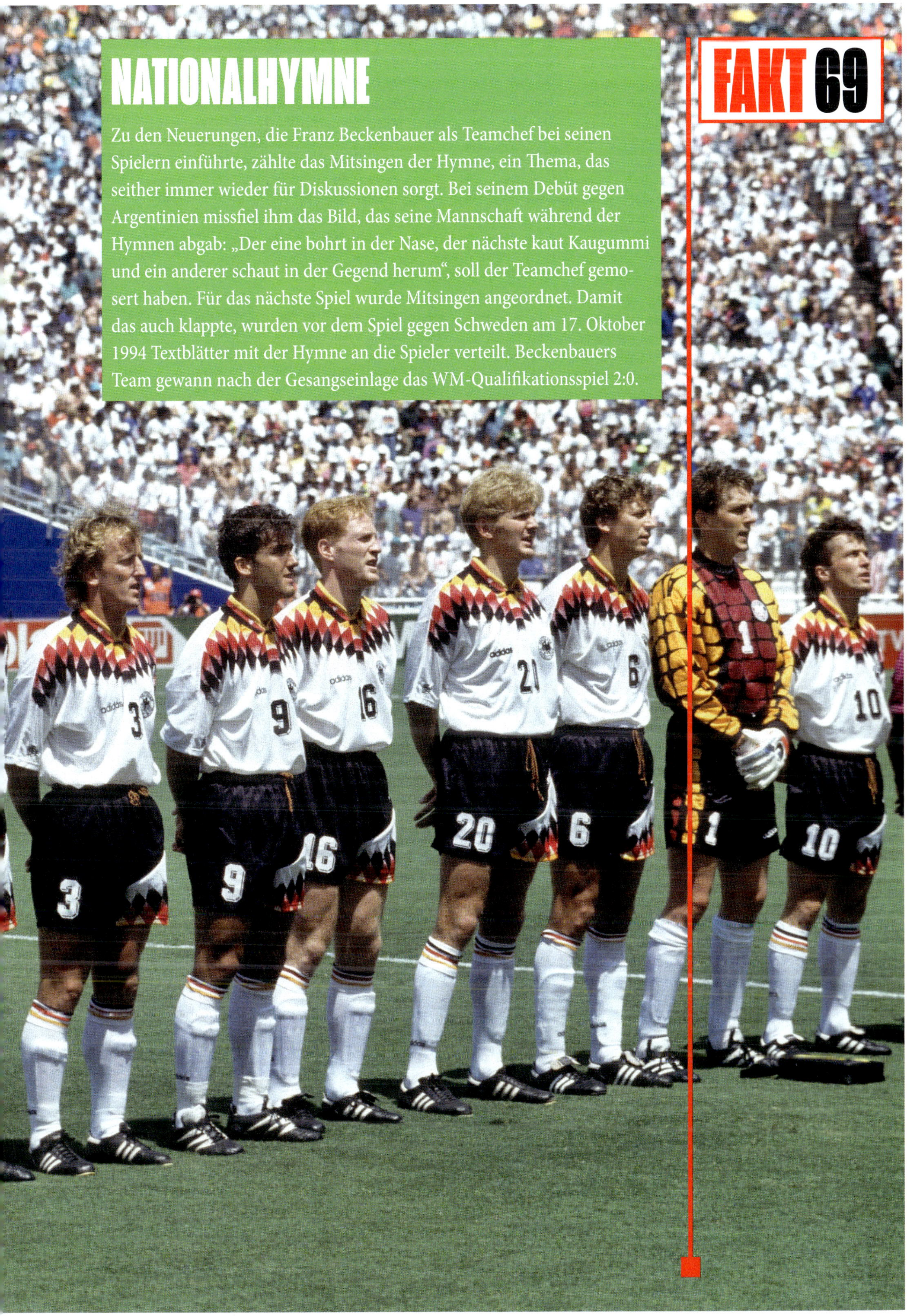

FAKT 70

NEUBERGERS KALTE SCHULTER

Wie das erste, ist auch das letzte Länderspiel des Kaisers ein Auswärtsspiel. Am 23. Februar 1977 trifft Deutschland im Parc de Prince von Paris auf Frankreich. Frankreich gewinnt 1:0 durch ein Tor von Olivier Rouyer. Das Spiel ist nicht als Abschied für Beckenbauer gedacht. Doch noch vor dem nächsten geplanten Länderspiel gibt der Kaiser seinen Wechsel zu New York Cosmos bekannt. DFB-Präsident Hermann Neuberger mag keine sogenannten Legionäre, Beckenbauer wird nicht mehr berücksichtigt.

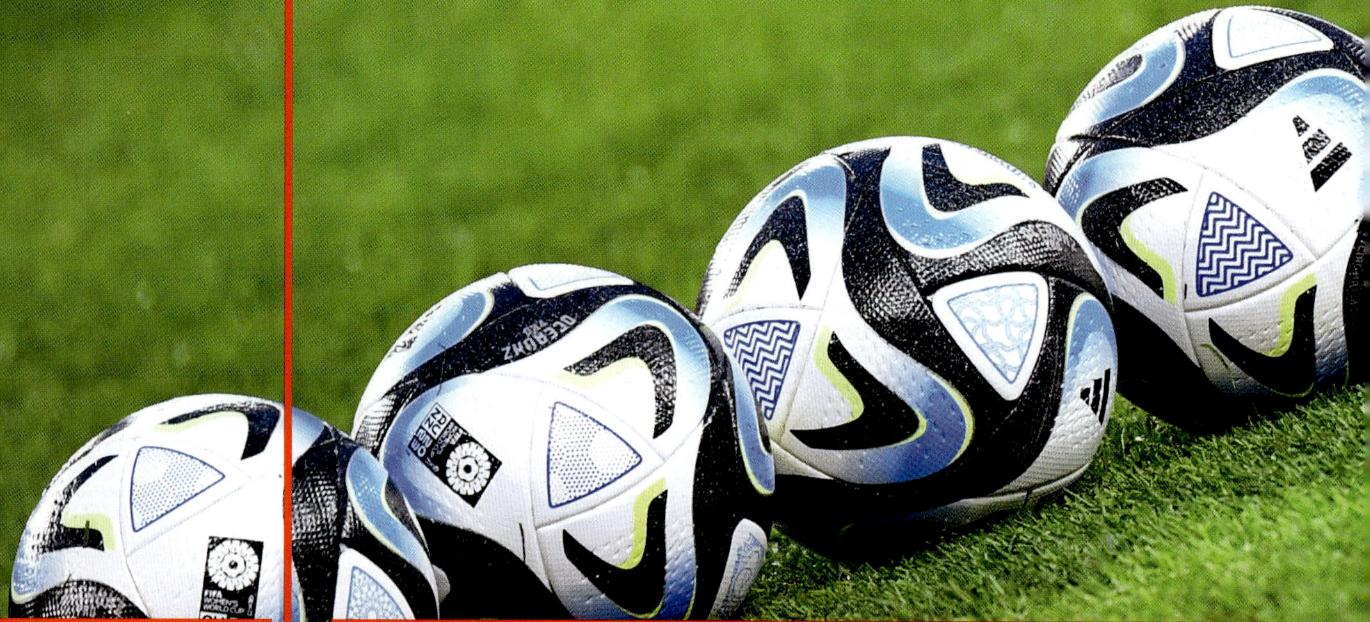

FAKT 71

NEW YORK PRIVAT

Nach seinem Intermezzo beim HSV kehrte Franz Beckenbauer für eine weitere Saison nach New York zu Cosmos zurück. Beckenbauer genoss seine Anonymität in der Millionenstadt. Sein Bruder Walter erzählte einmal, dass sie beide im Central Park Kaffee tranken und keiner den Fußballstar erkannte. Auch Mitspieler Werner Roth erinnert sich an die New Yorker Tage. In Beckenbauers Nachbarschaft habe Andy Warhol gewohnt und beim morgendlichen Joggen im Central Park sei man Yoko Ono und ihren Hunden über den Weg gelaufen. Selbst abends in den Restaurants sei man höchstens von den Kellnern erkannt worden, die nicht selten aus fußballaffinen europäischen oder lateinamerikanischen Ländern kamen.

NICHT OSCAR-VERDÄCHTIG

FAKT 72

Franz Beckenbauer hinterließ auch auf der Leinwand seine Spuren. Allerdings war er als Schauspieler weit weniger erfolgreich als auf dem grünen Rasen. Im Jahr 1973 spielte er in „Libero“ sich selbst. Der dokumentarisch angehauchte Film beleuchtet das Leben des Fußballstars Franz Beckenbauer mit allen Höhen und Tiefen. Neben Beckenbauer sind Klaus Löwitsch, Hans Musaus und Harald Leipnitz zu sehen. Regie führte Wigbert Wicker. Was den Streifen heute sehenswert macht, sind die vielen, mit hochauflösenden Filmkameras gedrehten Spielszenen aus echten Bundesligabegegnungen der Bayern, unter anderem gegen den FC Köln und Werder Bremen.

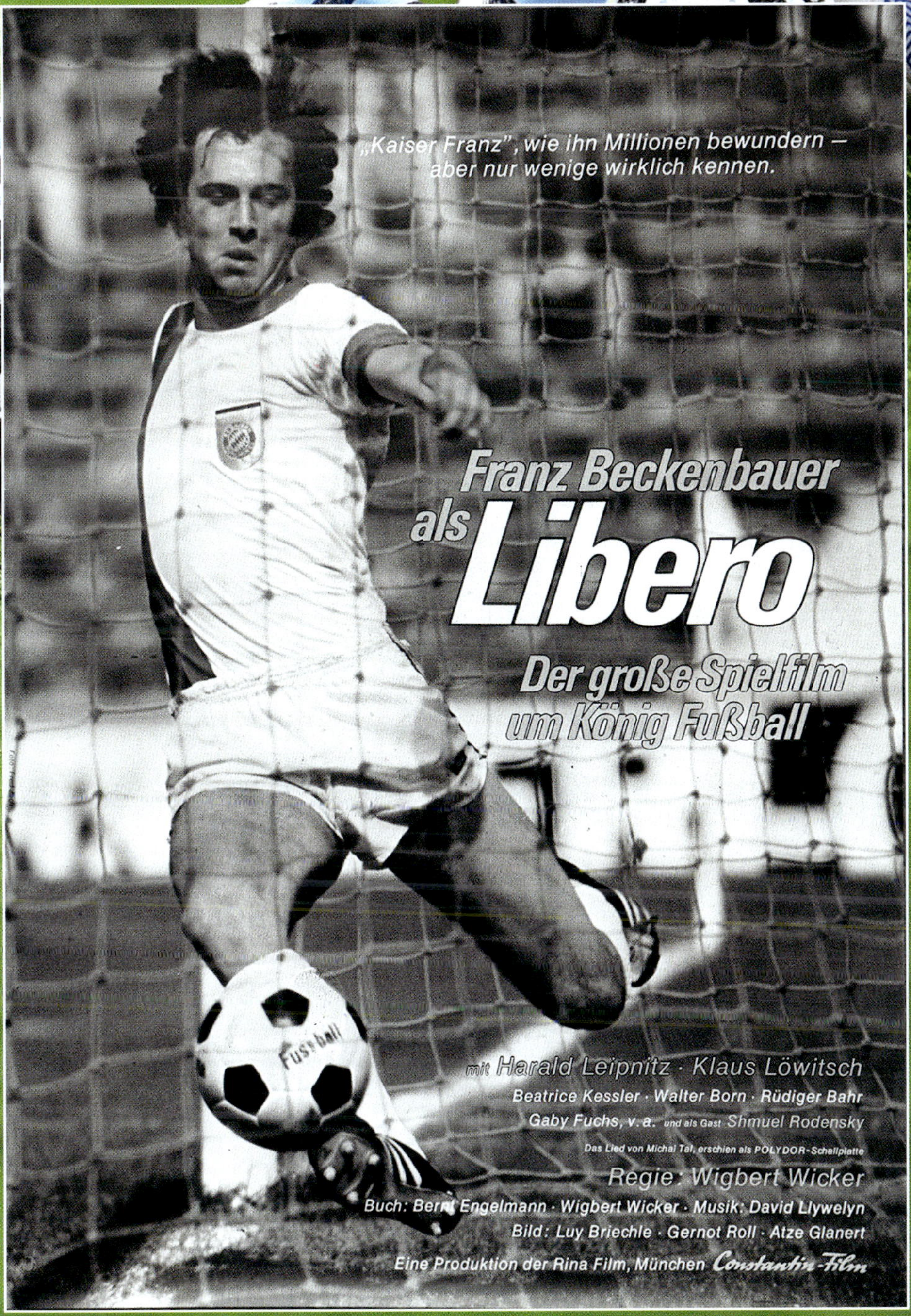

FAKT 73

OLYMPIQUE MARSEILLE

Das Amt des Teamchefs der DFB-Auswahl blieb nicht der einzige Trainerjob von Franz Beckenbauer. 1990 engagierte Olympique-Clubbesitzer und Adidas-Mehrheitsaktionär Bernhard Tapie den gerade zum Weltmeistertrainer avancierten Kaiser als Technischen Direktor. Weil Trainer Gerard Gili daraufhin zurücktrat, übernahm Beckenbauer auch das Training. In der Winterpause wurde der Belgier Raymond Goethals als Trainer engagiert, Beckenbauer blieb sportlicher Leiter und verließ am Ende der Saison Marseille. Olympique erreichte das Finale des Europapokals der Landesmeister, verlor aber nach Elfmeterschießen gegen Roter Stern Belgrad.

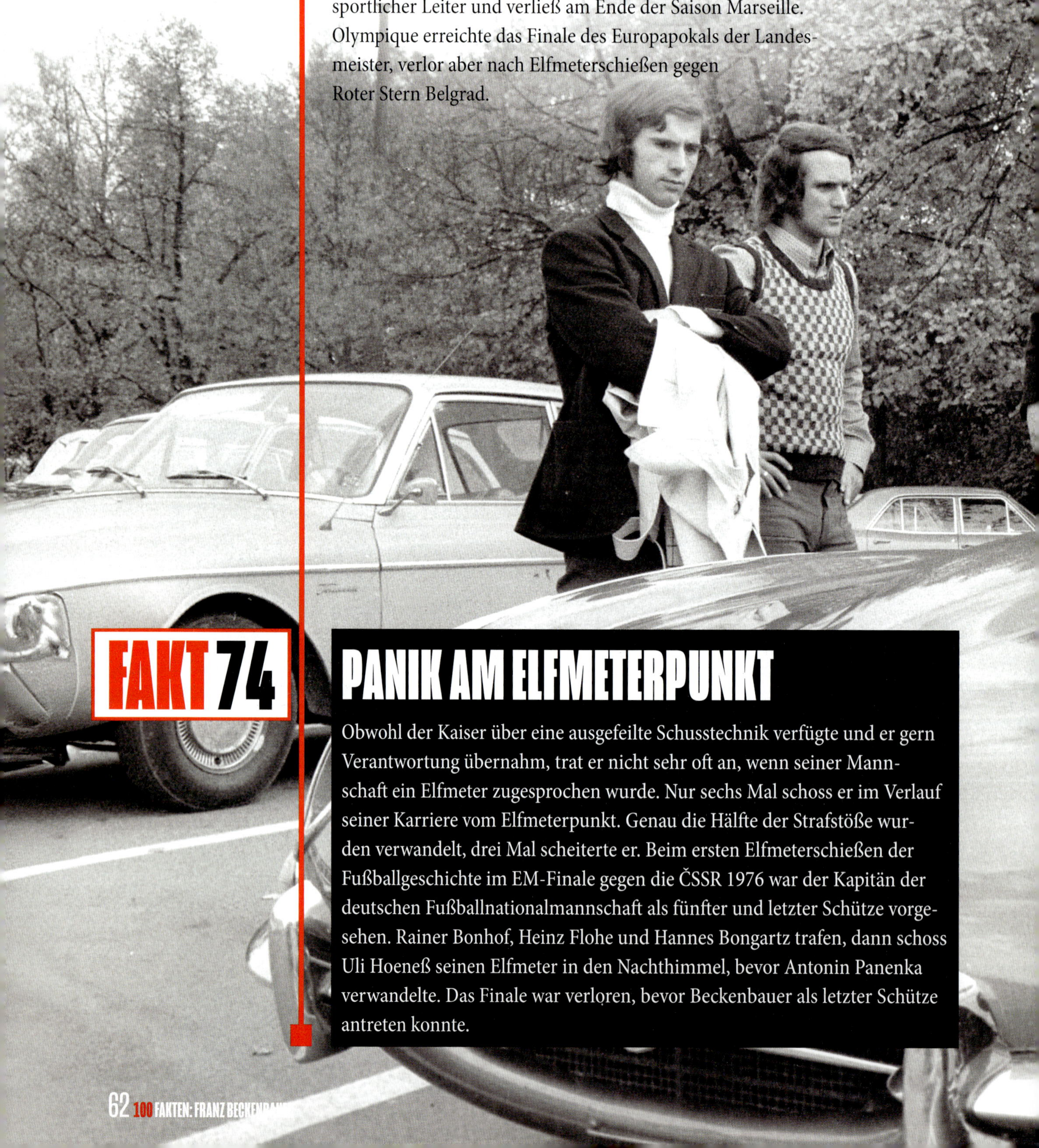

FAKT 74

PANIK AM ELFMETERPUNKT

Obwohl der Kaiser über eine ausgefeilte Schusstechnik verfügte und er gern Verantwortung übernahm, trat er nicht sehr oft an, wenn seiner Mannschaft ein Elfmeter zugesprochen wurde. Nur sechs Mal schoss er im Verlauf seiner Karriere vom Elfmeterpunkt. Genau die Hälfte der Strafstöße wurden verwandelt, drei Mal scheiterte er. Beim ersten Elfmeterschießen der Fußballgeschichte im EM-Finale gegen die ČSSR 1976 war der Kapitän der deutschen Fußballnationalmannschaft als fünfter und letzter Schütze vorgesehen. Rainer Bonhof, Heinz Flohe und Hannes Bongartz trafen, dann schoss Uli Hoeneß seinen Elfmeter in den Nachthimmel, bevor Antonin Panenka verwandelte. Das Finale war verloren, bevor Beckenbauer als letzter Schütze antreten konnte.

FAKT 75

PERFEKTIONIST VERSUS KATZE

Während der Fernsehgala zum 60. Geburtstag im September 2005 steuerte Günter Netzer einen ganz besonderen Jaguar E-Type Roadster auf die Bühne. Netzer hatte den Wagen 1968 gekauft, fuhr ihn zwei Jahre lang, bis ihn ein Ferrari Dino 246 auf der Autobahn überholte. So einen musste er auch haben. Den E-Type veräußerte Netzer für 10.000 DM an Franz Beckenbauer. Der habe ihn kurze Zeit später entsetzt angerufen, erinnerte sich Günter Netzer später. Das Verdeck war nicht dicht und die Bremsen zogen schief. Unerträglich für den Perfektionisten Beckenbauer. Nächster Besitzer des gebrauchten E-Type: Wolfgang Overath. Heute befindet sich der berühmte Jaguar in Privatbesitz.

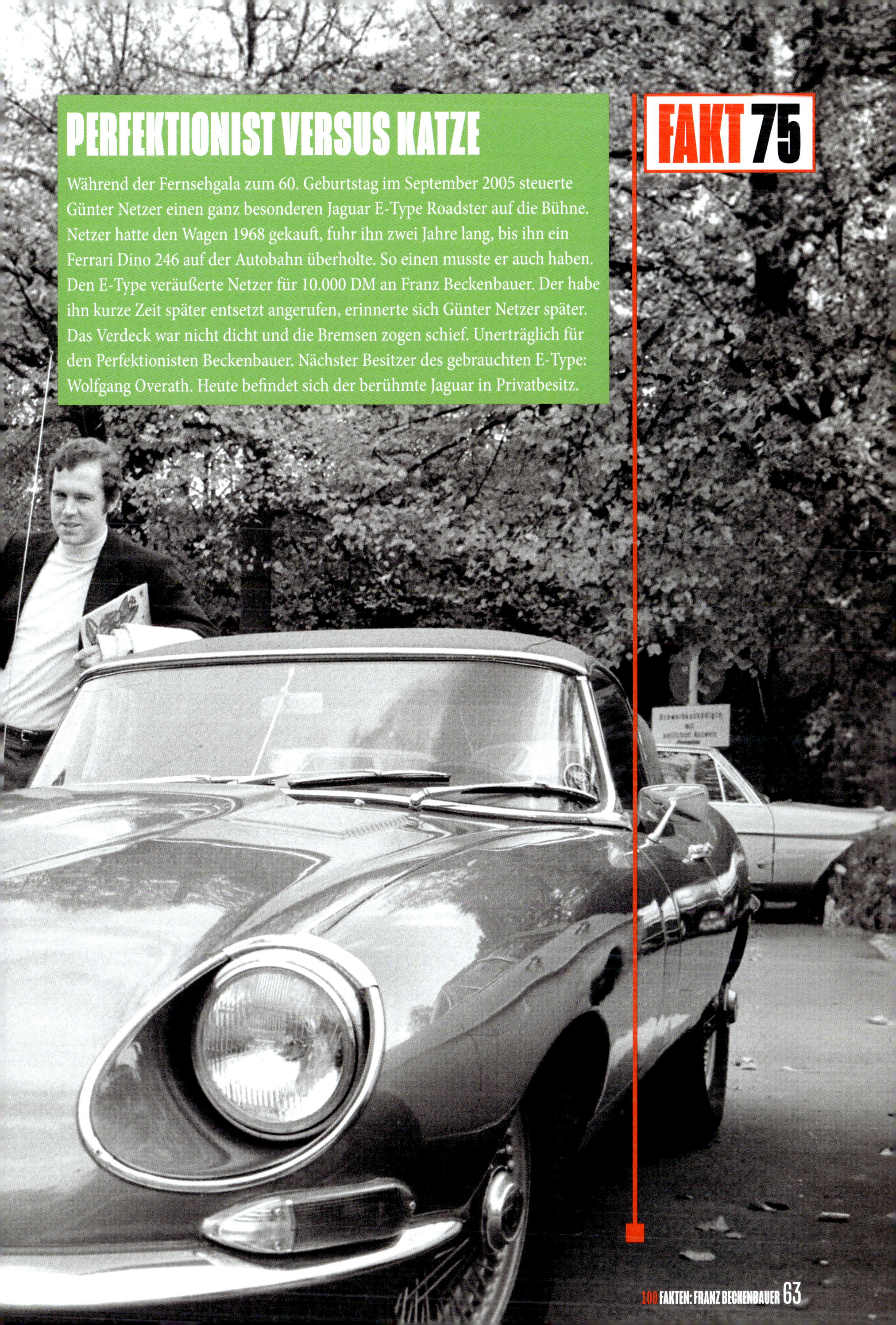

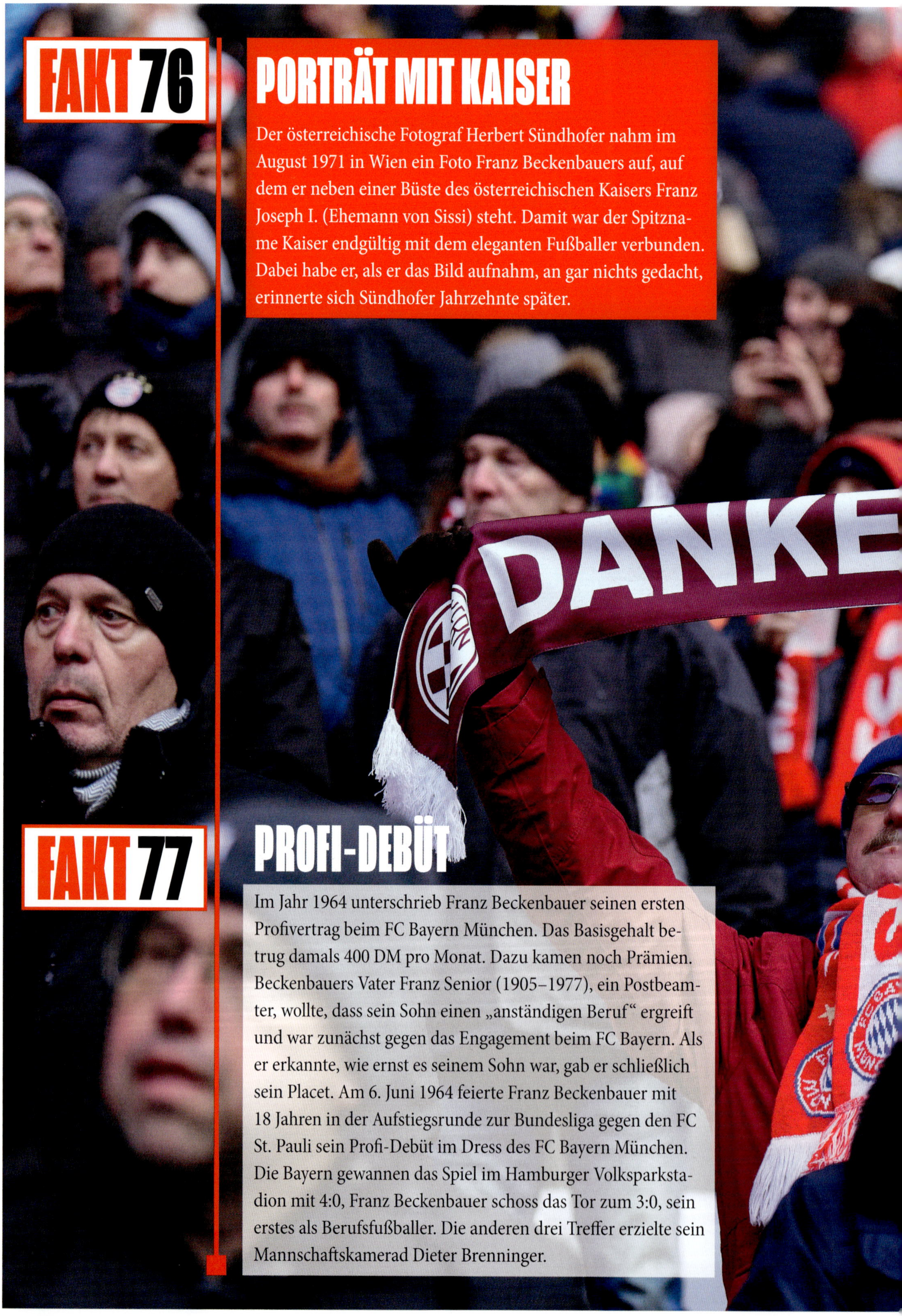

FAKT 76

PORTRÄT MIT KAISER

Der österreichische Fotograf Herbert Sündhofer nahm im August 1971 in Wien ein Foto Franz Beckenbauers auf, auf dem er neben einer Büste des österreichischen Kaisers Franz Joseph I. (Ehemann von Sissi) steht. Damit war der Spitzname Kaiser endgültig mit dem eleganten Fußballer verbunden. Dabei habe er, als er das Bild aufnahm, an gar nichts gedacht, erinnerte sich Sündhofer Jahrzehnte später.

FAKT 77

PROFI-DEBÜT

Im Jahr 1964 unterschrieb Franz Beckenbauer seinen ersten Profivertrag beim FC Bayern München. Das Basisgehalt betrug damals 400 DM pro Monat. Dazu kamen noch Prämien. Beckenbauers Vater Franz Senior (1905–1977), ein Postbeamter, wollte, dass sein Sohn einen „anständigen Beruf" ergreift und war zunächst gegen das Engagement beim FC Bayern. Als er erkannte, wie ernst es seinem Sohn war, gab er schließlich sein Placet. Am 6. Juni 1964 feierte Franz Beckenbauer mit 18 Jahren in der Aufstiegsrunde zur Bundesliga gegen den FC St. Pauli sein Profi-Debüt im Dress des FC Bayern München. Die Bayern gewannen das Spiel im Hamburger Volksparkstadion mit 4:0, Franz Beckenbauer schoss das Tor zum 3:0, sein erstes als Berufsfußballer. Die anderen drei Treffer erzielte sein Mannschaftskamerad Dieter Brenninger.

PROVOKATEUR FRANZ

FAKT 78

Nicht immer erfreute sich der spielerisch elegante Beckenbauer ungeteilter Wertschätzung des Publikums. So reagierte er beim Pokal-Triumph gegen Schalke 04 1969 auf Pfiffe der Schalker Anhänger mit demonstrativem Balljonglieren vor der Schalker Fankurve. Und es heißt, so berichten Zeitzeugen, er habe sich während des 3:0 gegen Australien während der WM 1974 zu abfälligen Gesten in Richtung der ungnädigen Hamburger Zuschauer hinreißen lassen.

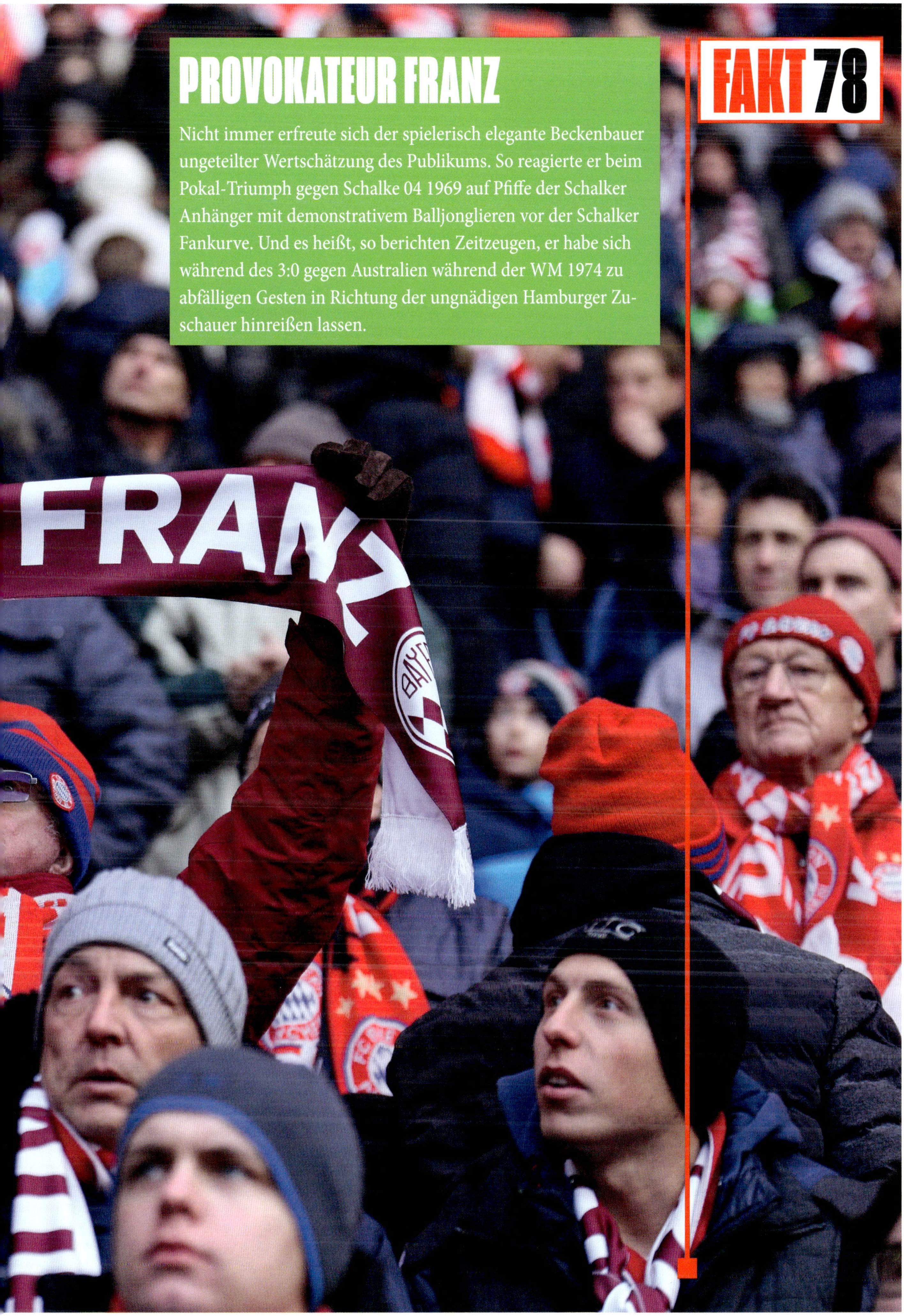

FAKT 79

ROTE ROSEN

Der Kaiser mochte die schönen Dinge des Lebens. Bei Blumen war Franz Beckenbauers Geschmack eher klassisch. Er liebte rote Rosen, die er seinen Frauen oft mitbrachte. Ganz der Gentleman halt. Passend für den Kapitän des FC Bayern war Rot die Lieblingsfarbe des Kaisers. Die vielen roten Rosen bei der großen Trauerfeier in der Allianz-Arena erinnerten an diese Vorliebe.

FAKT 80

RÜCKKEHR IN DIE BUNDESLIGA

Bei seiner Rückkehr in die Bundesliga am 15. November 1980 lief Franz Beckenbauer mit ungewohnter Rückennummer auf. Statt den vorher gewohnten 4, 5 oder 6 trug er als Einwechselspieler die 12 auf dem Rücken. Er kam zur zweiten Halbzeit für Caspar Memmering ins Spiel, konnte aber die Niederlage des HSV gegen den VfB Stuttgart nicht verhindern (2:3). Es war Beckenbauers einzige Bundesligapartie, bei der er nicht in der Startaufstellung stand.

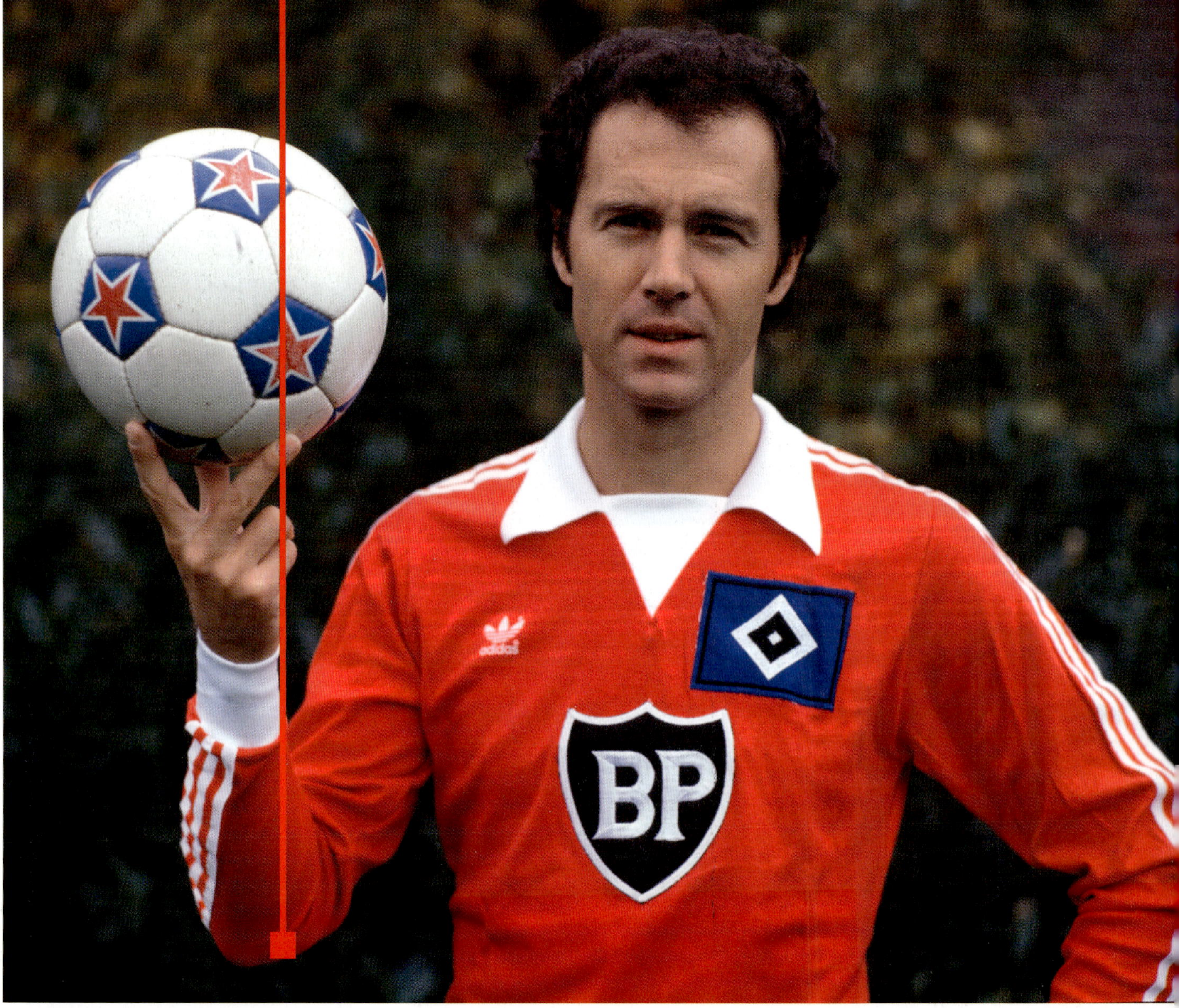

SAG EINFACH DU

Während der Party nach dem WM-Sieg 1990 habe er allen Spielern aus dem Team das Du angeboten. „Geld haben die genug, also habe ich mir gedacht, schenkst du ihnen das Du", erinnerte sich Franz Beckenbauer später. Er sei ja erst 38 gewesen als er Teamchef wurde, da seien in der Nationalmannschaft Spieler gewesen, mit denen er noch gespielt habe. Felix Magath, Lothar Matthäus oder Karl-Heinz Rummenigge hätten ihn natürlich nicht auf einmal gesiezt.

FAKT 81

HSV-FAN GEDENKT DEM VERSTORBENEN KAISER

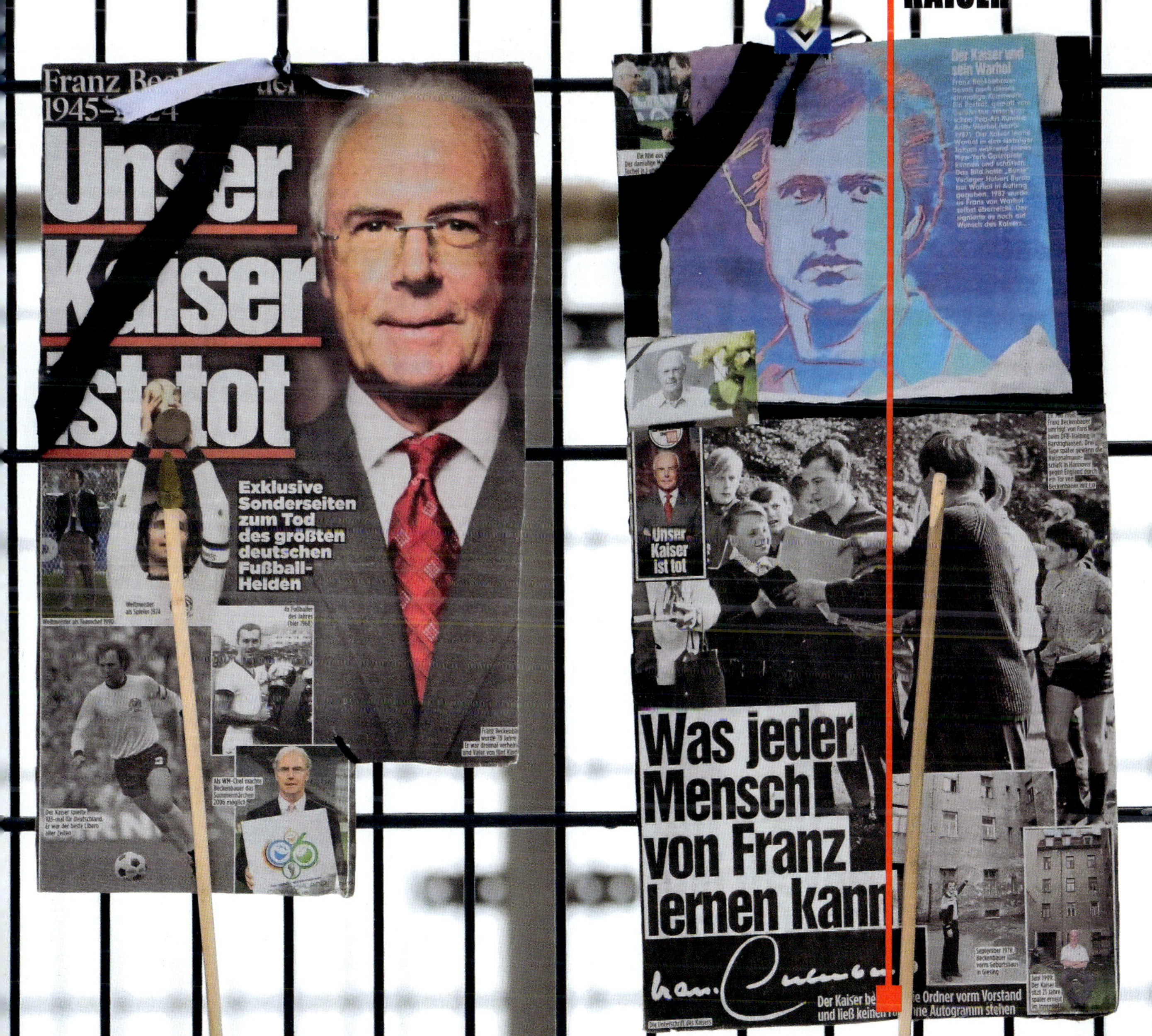

FAKT 82

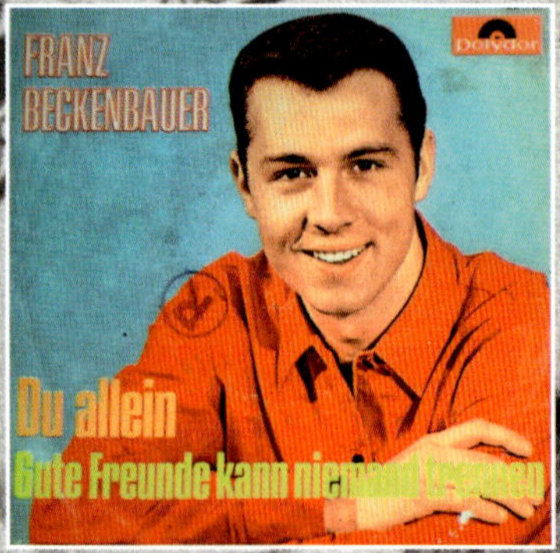

SCHLAGERSTAR I

Der viel gesungene Beckenbauer-Hit „Gute Freunde kann niemand trennen" ist eigentlich die B-Seite der Single „Du allein", die das Plattenlabel Polydor am 7. Dezember 1966 veröffentlichte. Der Komponist war Rolf Arland, der Text stammt von Kurt Hertha. Der Song kletterte bis auf Platz 31 der deutschen Charts. Nicht nur die Fans schmettern den Text voller Inbrunst, andere Künstler wie die Partyschweine oder der Komiker Matze Knop haben Cover-Versionen aufgenommen.

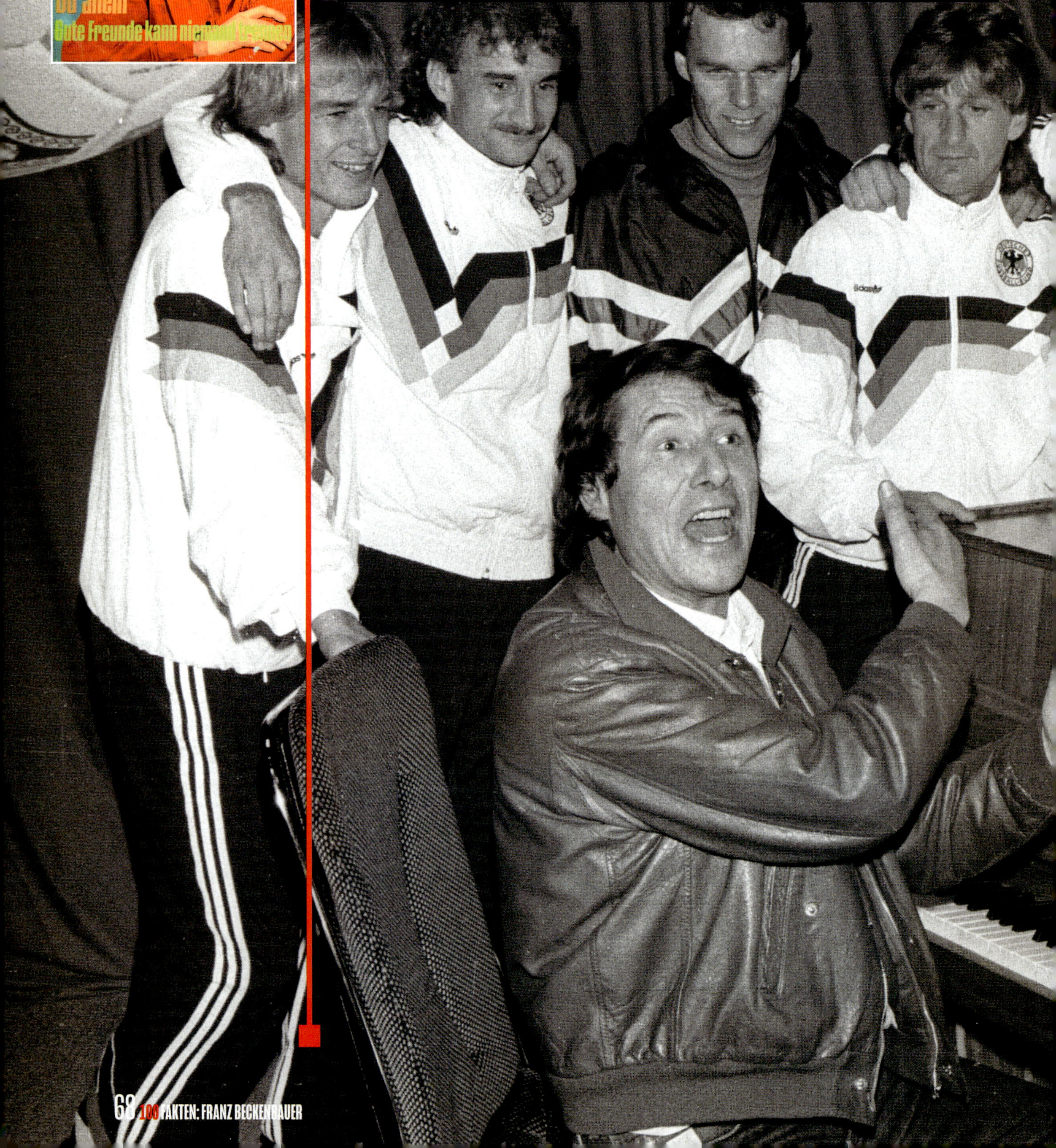

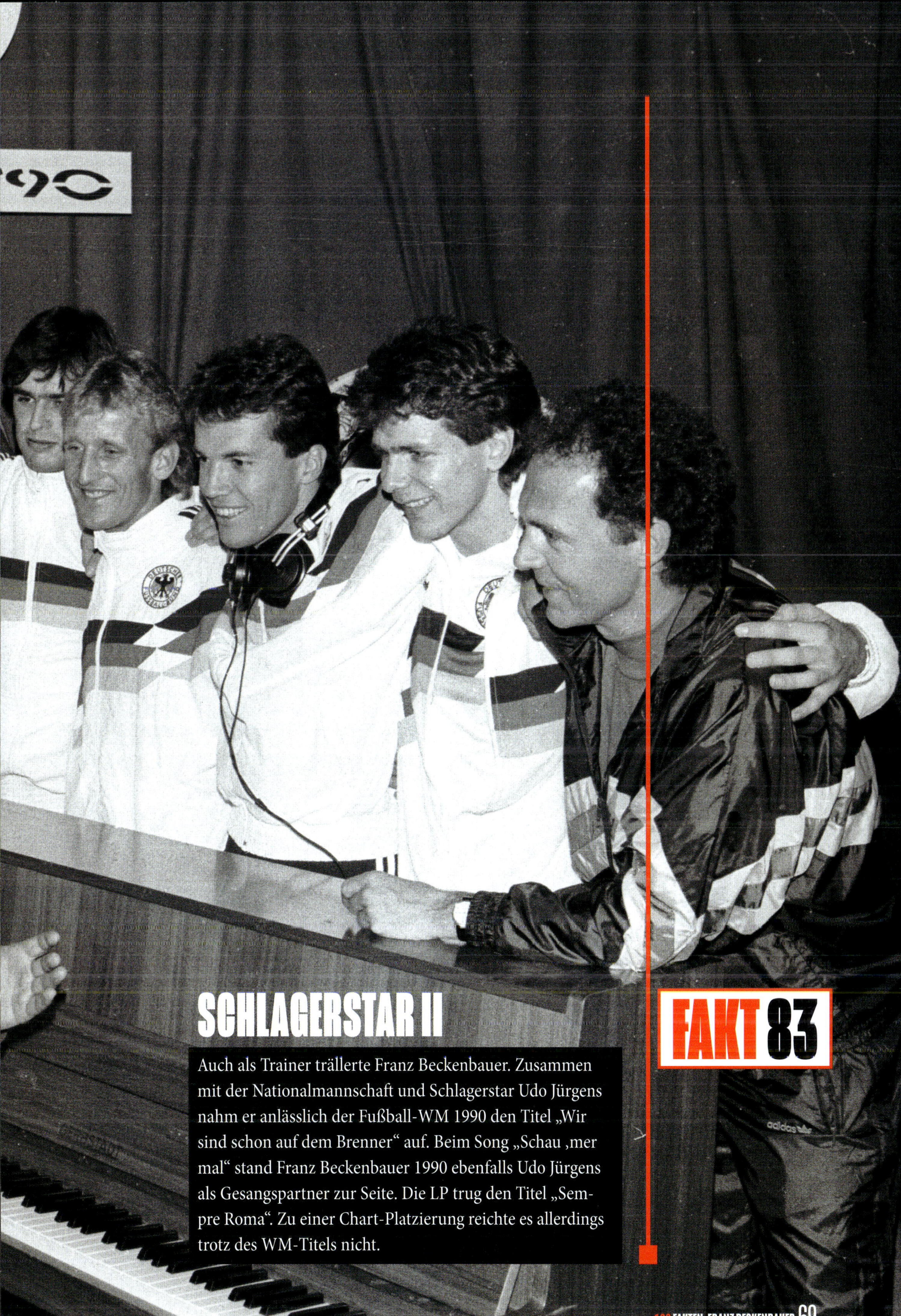

SCHLAGERSTAR II

FAKT 83

Auch als Trainer trällerte Franz Beckenbauer. Zusammen mit der Nationalmannschaft und Schlagerstar Udo Jürgens nahm er anlässlich der Fußball-WM 1990 den Titel „Wir sind schon auf dem Brenner“ auf. Beim Song „Schau ‚mer mal“ stand Franz Beckenbauer 1990 ebenfalls Udo Jürgens als Gesangspartner zur Seite. Die LP trug den Titel „Sempre Roma“. Zu einer Chart-Platzierung reichte es allerdings trotz des WM-Titels nicht.

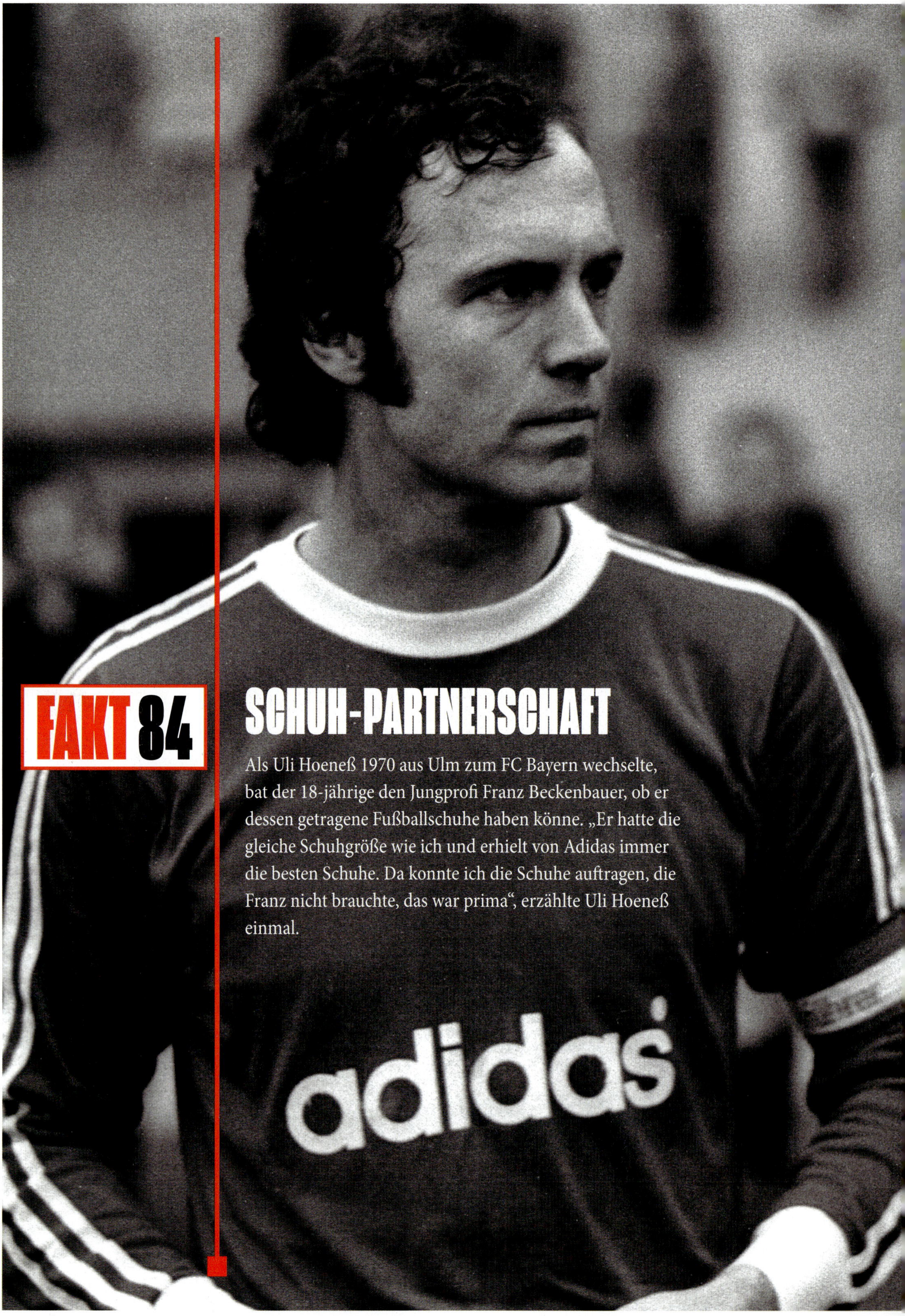

FAKT 84

SCHUH-PARTNERSCHAFT

Als Uli Hoeneß 1970 aus Ulm zum FC Bayern wechselte, bat der 18-jährige den Jungprofi Franz Beckenbauer, ob er dessen getragene Fußballschuhe haben könne. „Er hatte die gleiche Schuhgröße wie ich und erhielt von Adidas immer die besten Schuhe. Da konnte ich die Schuhe auftragen, die Franz nicht brauchte, das war prima", erzählte Uli Hoeneß einmal.

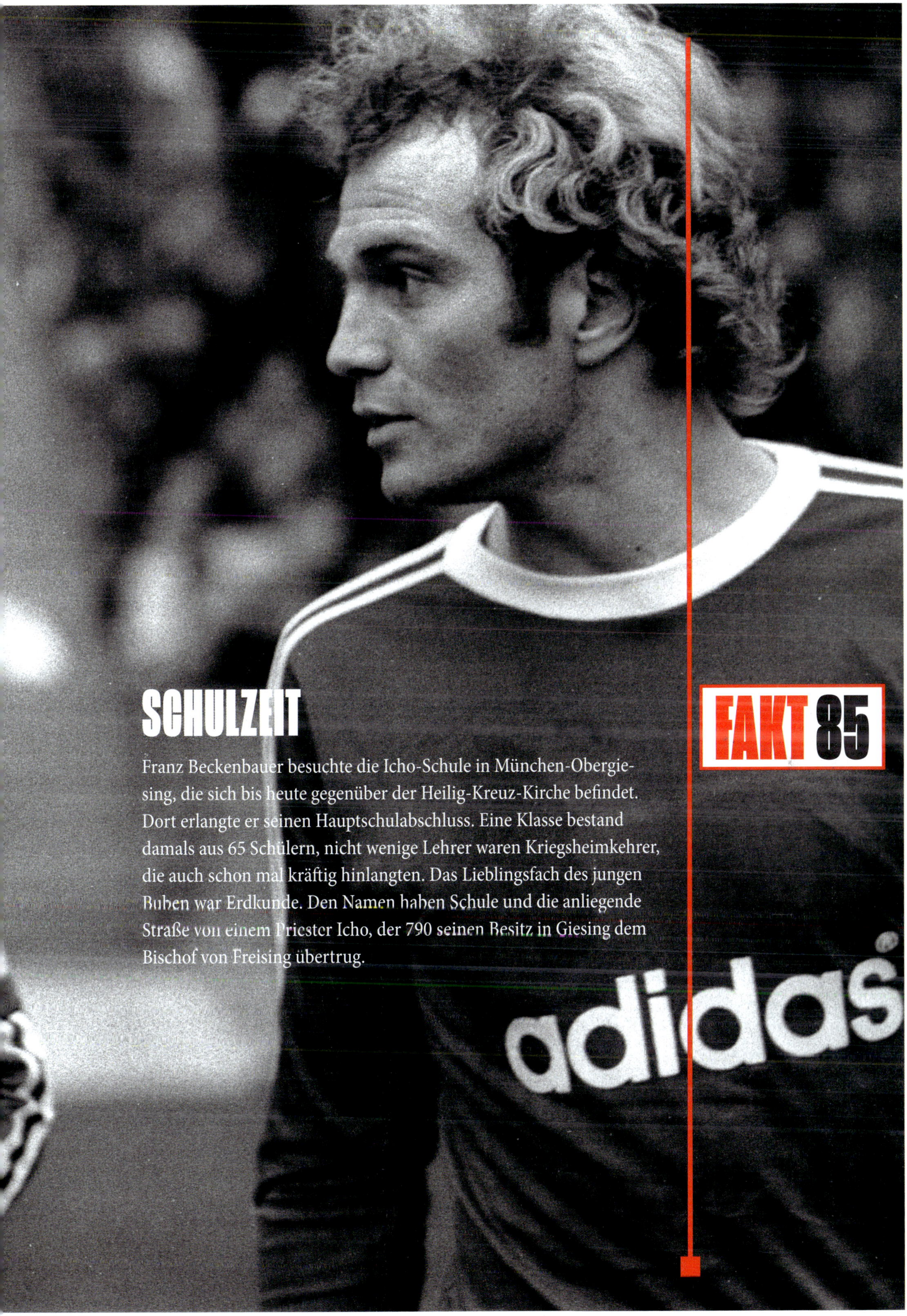

FAKT 85

SCHULZEIT

Franz Beckenbauer besuchte die Icho-Schule in München-Obergiesing, die sich bis heute gegenüber der Heilig-Kreuz-Kirche befindet. Dort erlangte er seinen Hauptschulabschluss. Eine Klasse bestand damals aus 65 Schülern, nicht wenige Lehrer waren Kriegsheimkehrer, die auch schon mal kräftig hinlangten. Das Lieblingsfach des jungen Buben war Erdkunde. Den Namen haben Schule und die anliegende Straße von einem Priester Icho, der 790 seinen Besitz in Giesing dem Bischof von Freising übertrug.

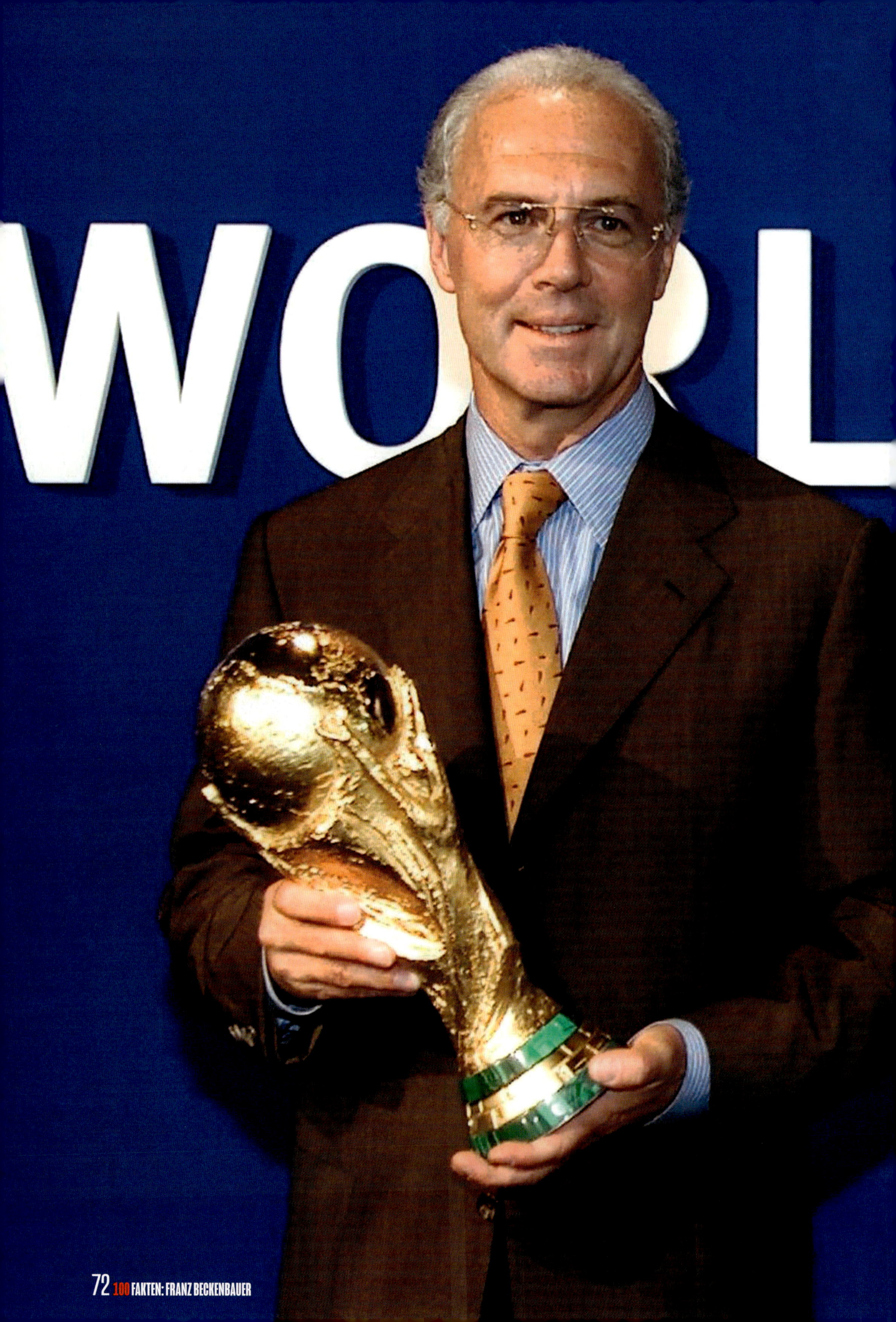
WORL

SECHSHUNDERTFÜNFUNDVIERZIG

FAKT 86

So oft stand Franz Beckenbauer zwischen 1964 und 1983 für die Bayern, den HSV und die Nationalmannschaften auf dem Platz: 424 waren Bundesligaspiele, 103 Spiele im Trikot der Nationalmannschaft, dazu kommen 66 DFB-Pokal-Spiele, 40 Einsätze im Europapokal, aber auch zwei Einsätze für die B-Nationalmannschaft, vier Spiele für den Supercup zwischen den Europokalsiegern der Landesmeister und Pokalsieger und sechs Einsätze in der Aufstiegsrunde zur Bundesliga mit den Bayern 1964/65.

SOMMERMÄRCHEN

FAKT 87

Dass Franz Beckenbauer die Fußball-WM 2006 nach Deutschland holte, zählt fraglos zu seinen ganz großen Verdiensten abseits des Rasens. Ohne sein Ansehen, seinen Einsatz, seine Reisen um die ganze Welt, hätte das Sommermärchen nie stattgefunden. Juristisch ist die Vergabe allerdings immer noch nicht vollständig geklärt. Seit März geht die Aufarbeitung vor dem Landgericht Frankfurt in eine weitere Runde. Angeklagt sind die ehemaligen DFB-Präsidenten Theo Zwanziger und Wolfgang Niersbach sowie der ehemalige Generalsekretär Horst R. Schmidt. Beckenbauer wäre wahrscheinlich als Zeuge gehört worden.

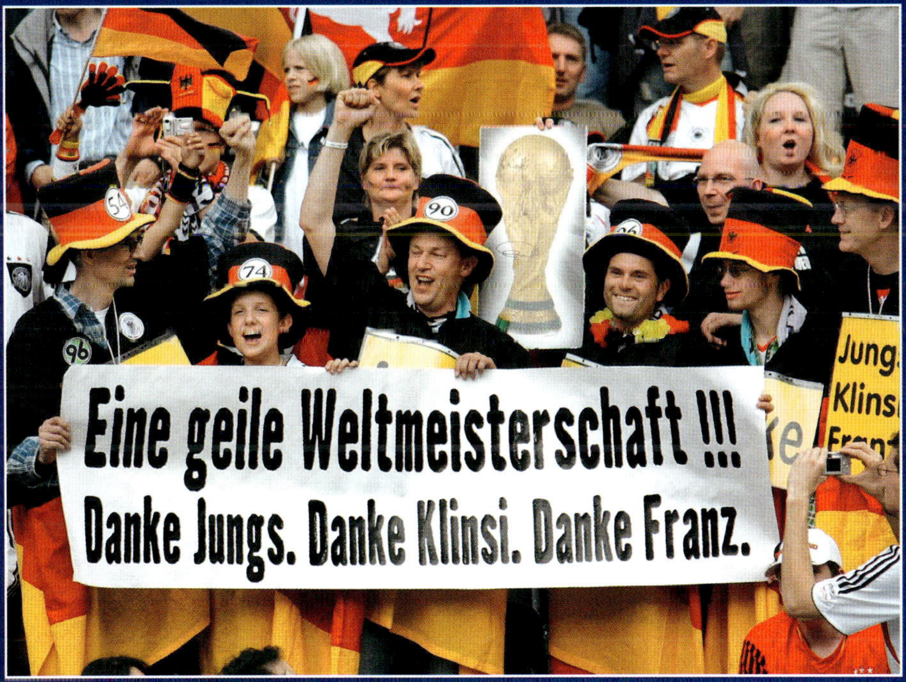

FAKT 88

SONDERBRIEFMARKE

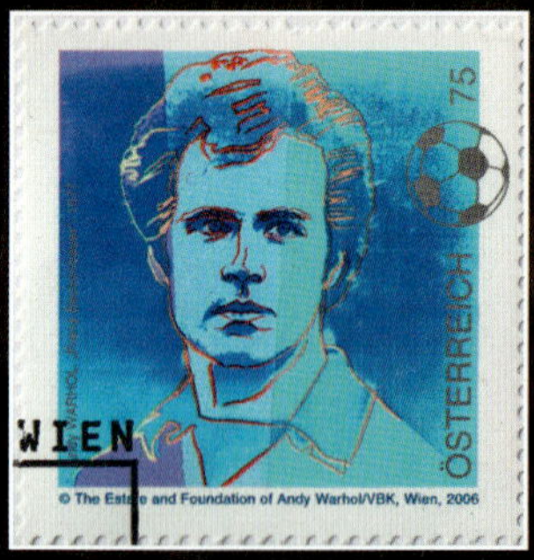

Eine ganz besondere Anerkennung wurde dem Kaiser im April 2006 zuteil. Die österreichische Post ehrte Franz Beckenbauer mit einer Sonderbriefmarke (Wert 75 Cent). Als Motiv wählte man ein Porträt des Fußballspielers, das der berühmte Pop-Art-Künstler Andy Warhol 1977 gemalt hatte. Auch andere Länder verewigten Beckenbauer auf Briefmarken, unter anderem Nicaragua, Kongo, das Emirat Adschman oder der pazifische Inselstaat Niue. Bislang nicht dabei in dieser Liste: die Deutsche Post. Zu den deutschen Traditionen zählt es nämlich, außer Staatsoberhäuptern keine lebenden Personen auf Postwertzeichen abzubilden.

FAKT 89

STARTELF-ABO

Bei allen seinen 103 Länderspielen stand Beckenbauer in der Startaufstellung, vermutlich ein Rekord für die Ewigkeit. In 97 Spielen war er während der gesamten Spielzeit auf dem Platz, nur sechs Mal wurde der Libero ausgewechselt – so etwa beim Test-Länderspiel in Norwegen am 22. Juni 1971. Bundestrainer Schön nutzte das Spiel offenbar tatsächlich zum Testen. Im Tor stand Wolfgang Kleff und für Beckenbauer kam in der zweiten Halbzeit der Gladbacher Amateurspieler Hartwig Bleidick auf den Rasen. Bleidick sollte für die Olympischen Spiele 1972 als Verteidiger getestet werden. Nach den Olympia-Regeln waren nur Amateurspieler zugelassen, daher spielte Bleidick gelegentlich für das Profiteam von Borussia Mönchengladbach, ohne aber über einen Profivertrag zu verfügen. Deutschland gewann das bedeutungslose Testspiel 7:1. Und Bleidick kam in Jupp Derwalls Olympia-Kader.

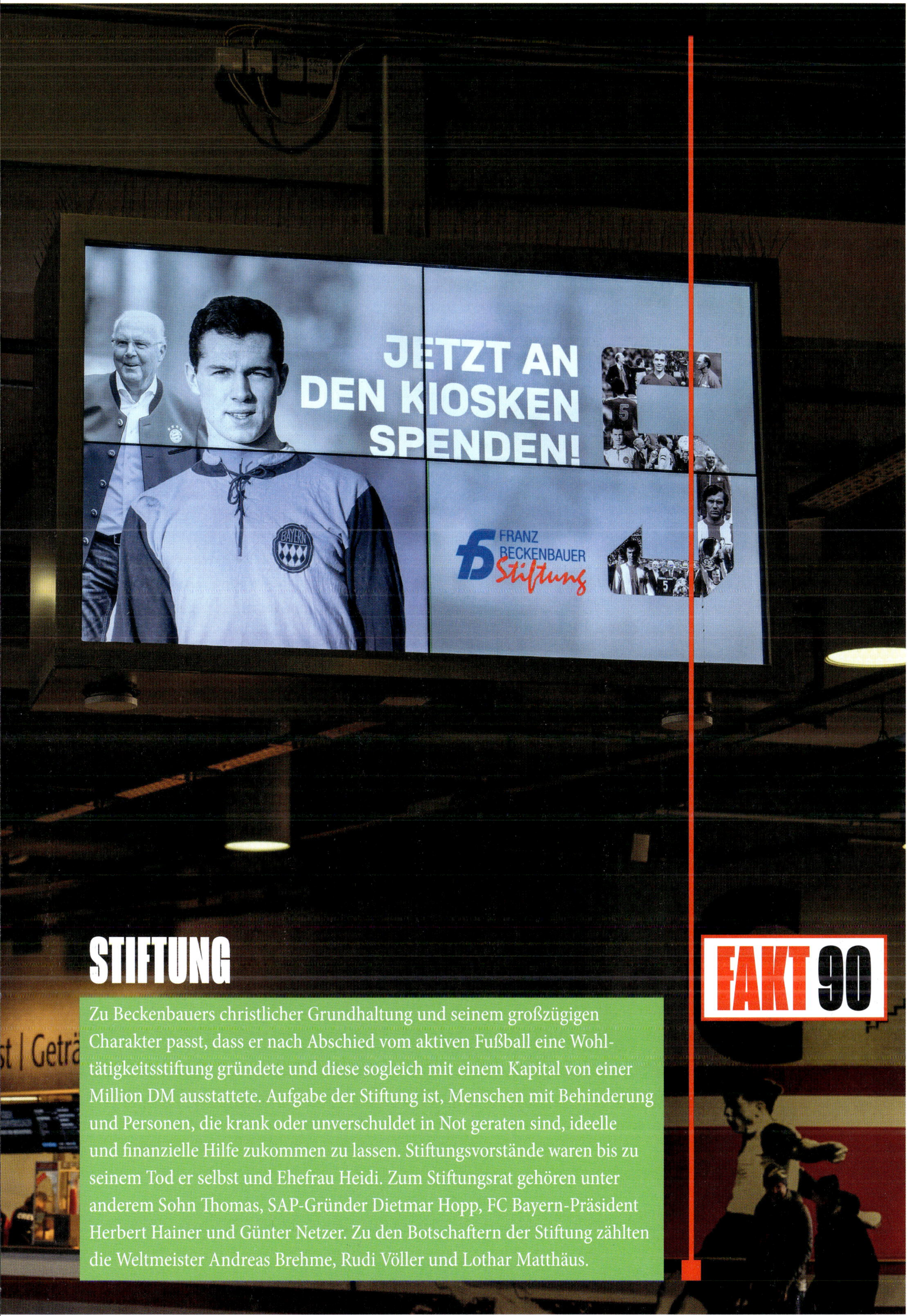

STIFTUNG

Zu Beckenbauers christlicher Grundhaltung und seinem großzügigen Charakter passt, dass er nach Abschied vom aktiven Fußball eine Wohltätigkeitsstiftung gründete und diese sogleich mit einem Kapital von einer Million DM ausstattete. Aufgabe der Stiftung ist, Menschen mit Behinderung und Personen, die krank oder unverschuldet in Not geraten sind, ideelle und finanzielle Hilfe zukommen zu lassen. Stiftungsvorstände waren bis zu seinem Tod er selbst und Ehefrau Heidi. Zum Stiftungsrat gehören unter anderem Sohn Thomas, SAP-Gründer Dietmar Hopp, FC Bayern-Präsident Herbert Hainer und Günter Netzer. Zu den Botschaftern der Stiftung zählten die Weltmeister Andreas Brehme, Rudi Völler und Lothar Matthäus.

FAKT 90

FAKT 91

TEAMCHEF

Auch als Nationaltrainer besaß Franz Beckenbauer niemals die offizielle Trainerlizenz des DFB. Da die Statuten für die Nationalmannschaft einen Bundestrainer vorschrieben, erfand man für Beckenbauer die Position des Teamchefs, dem ein ausgebildeter (Bundes-)Trainer zur Seite gestellt wurde. Diese Aufgabe übernahm erst Horst Köppel und dann Holger Osieck. Am 10. Februar 1989 verlieh der DFB Beckenbauer die Trainerlizenz ehrenhalber. Am Konstrukt der Nationalmannschaftsbetreuung änderte das nichts.

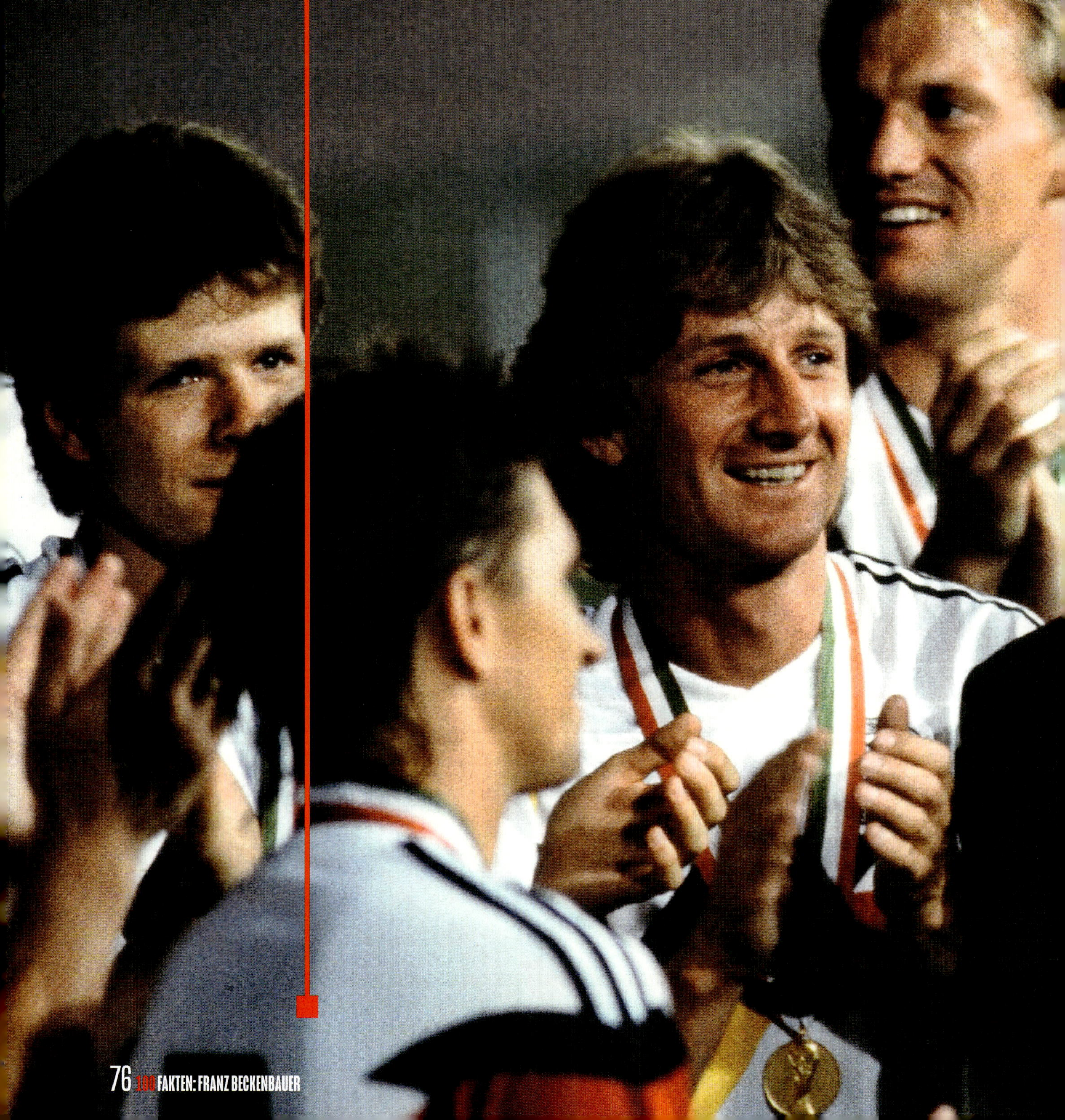

TOR ZUM WM-TITEL

Es war ein Elfmeter für die Ewigkeit: Am 8. Juli 1990 schoss Andreas Brehme die deutsche Nationalmannschaft im Olympiastadion von Rom per Foulelfmeter gegen den argentinischen Star-Keeper und Elfmeter-Killer Sergio Goycochea ins Fußballglück – mit rechts flach ins linke Eck. Lothar Matthäus hatte Brehme den Vortritt gelassen. Er hatte einfach ein schlechtes Gefühl wegen der Schuhe, die er hatte wechseln müssen – und machte so alles richtig. Teamchef und Kaiser Franz Beckenbauer nannte Brehme einst „den besten Fußballer, den wir haben“. Die beiden schätzten sich sehr und hielten bis zum Ende Kontakt. Brehme war dabei, als die Fußballwelt am 19. Januar 2024 Abschied nahm von Kaiser Franz, Stand mit den Wegbegleitern auf dem Rasen in München. Am 20. Februar starb Andreas Brehme im Alter von 63 Jahren völlig überraschend. Nach dem Kaiser der nächste Held von 1990, der uns verlässt.

FAKT 92

„ER HAT BESTIMMT, WAS DER BALL MACHT UND NICHT UMGEKEHRT. WENN ER MIT DEM BALL DURCHS MITTELFELD GETRABT IST, DANN HAT ER DEN KOPF OBEN GEHABT UND DIE MEISTEN MUSSTEN EBEN DEN KOPF UNTEN HABEN, WEIL SIE ANGST HATTEN, DASS DER BALL WEGSPRINGT.“

ULI HOENESS

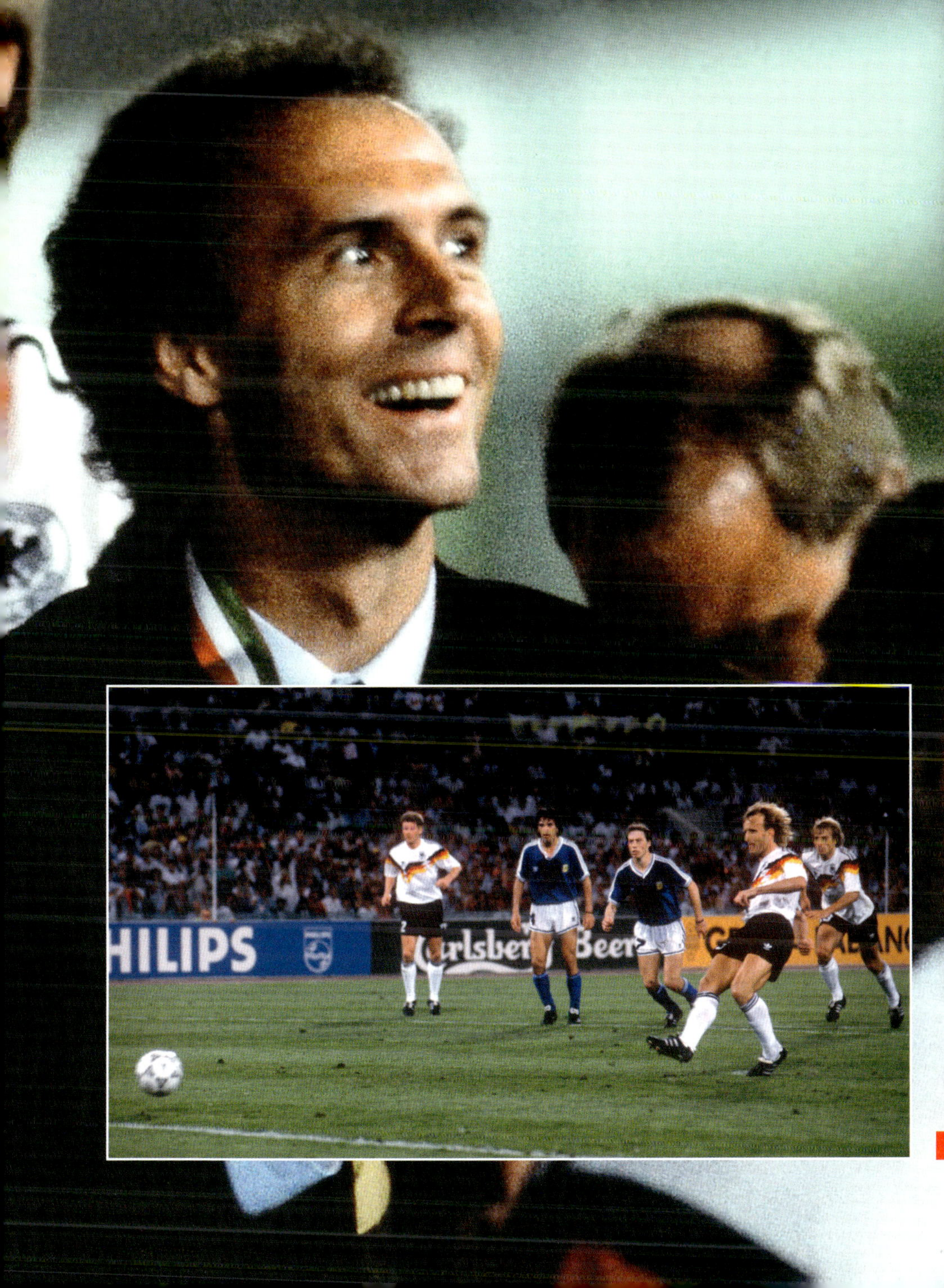

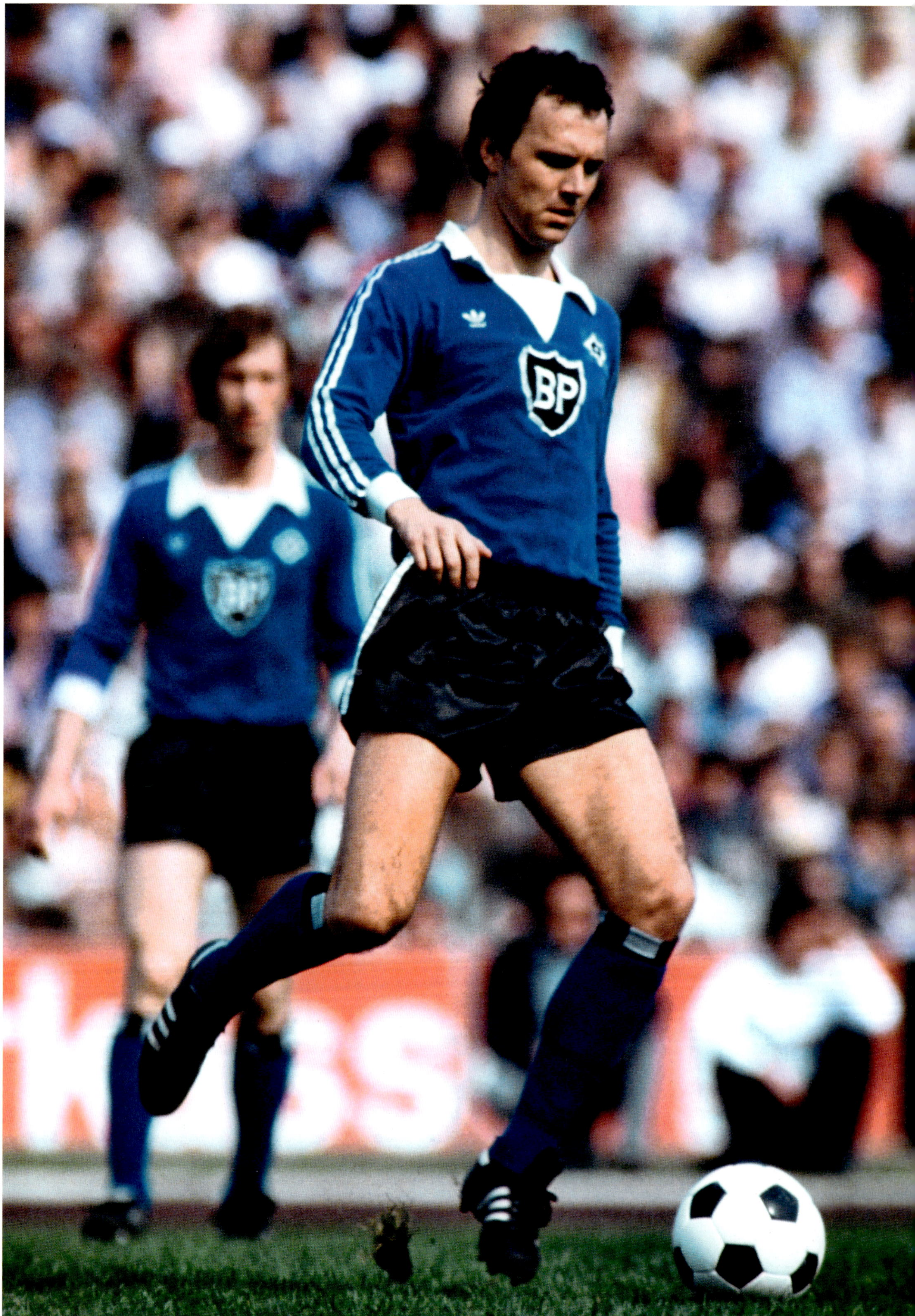
BP

FAKT 93

UNVERGLEICHLICHER SPIELSTIL

Franz Beckenbauer hat das Niveau des Fußballs in Deutschland auf ein neues Niveau gehoben, Zauberfußballer sei er, einer, der den Ball streichelt. Der elegante Libero hatte ein unvergleichliches Talent gepaart mit großer Konstanz und einer perfekten Spielübersicht. Niemand hat das wohl so gut beschrieben wie Uli Hoeneß: „Er hat bestimmt, was der Ball macht und nicht umgekehrt. Wenn er mit dem Ball durchs Mittelfeld getrabt ist, dann hat er den Kopf oben gehabt und die meisten mussten eben den Kopf unten haben, weil sie Angst hatten, dass der Ball wegspringt." Diese Angst kannte der Kaiser nicht. Er herrschte über den Ball.

FAKT 94

VERHÄNGNISVOLLER UNTERGRUND

Nachdem Franz Beckenbauer im Oktober 1980 von New York Cosmos zurück in die deutsche Fußballbundesliga zum Hamburger Sportverein wechselte, war der Star immer wieder von Verletzungen geplagt. Für Günter Netzer, den damaligen Manager des HSV, war der Grund klar: der Kunstrasen, auf dem Beckenbauer in der US-Ostküstenmetropole spielen musste. Beckenbauer absolvierte bis zu seinem Abschied 1982 nur 28 Spiele für den HSV, holte aber immerhin seinen fünften Meistertitel.

FAKT 95

VERSICHERUNGSVORSTAND

Als Uli Hoeneß gemeinsam mit Franz Beckenbauer mit dem gesamten Vorstand der Allianz-Versicherung über die Finanzierung des eigenen Stadions verhandelte, meldete sich Beckenbauer am Ende der Gesprächsrunde zu Wort. „Sie dürfen froh sein, dass ich bei der Allianz aufgehört habe, sonst wäre ich jetzt Vorstand." Nach einer kurzen Schrecksekunde brachen die Top-Manager in schallendes Gelächter aus. Natürlich kam der Deal zustande.

FAKT 96

VON OBEN

Rund 45.000 km legte Franz Beckenbauer während der WM 2006 in einem Agusta 109E Power-Helikopter zurück und besuchte 45 der 64 ausgetragenen Spiele. Die vielen Flüge in 600 m Höhe und das legendär schöne Wetter während der Weltmeisterschaft eröffneten ihm einen neuen Blick auf sein Heimatland: „Deutschland ist ein wunderschönes Land, im Süden die hohen Berge, im Norden das Meer. Alles sieht so sauber aus, die Dörfer, die Städte, die vielen roten Dächer. Aber auch die Felder, sauber und ordentlich. Diese Ordnung fasziniert mich“, verriet er in einem Interview während der WM.

FAKT 97

WATSCHN-AFFÄRE

Eine der gern erzählten Legenden über die frühen Jahre in Giesing ist die Geschichte des geplatzten Wechsels zu 1860 München. Die Löwen waren damals Anfang der 1960er-Jahre die Nummer 1 in der Stadt, zählten kurze Zeit später auch zu den Gründungsmitgliedern der Bundesliga. Mit 13 spielte Franz mit seinem Heimatverein SC 1906 gegen eine Jugendmannschaft von 1860. Einer der Löwen-Spieler ohrfeigte ihn während des Spiels. Was der Grund für die Watschn war und den Namen seines Gegenspielers verriet Beckenbauer nie. Doch er beschloss damals, niemals für 1860, sondern lieber für den als neureich geltenden Stadtrivalen aus Schwabing FC Bayern München zu spielen. Erst im Jahre 2010 „outete“ sich der Übeltäter in einem Interview: Gerhard König, der später für den Drittligisten TSG Pasing im Tor stand.

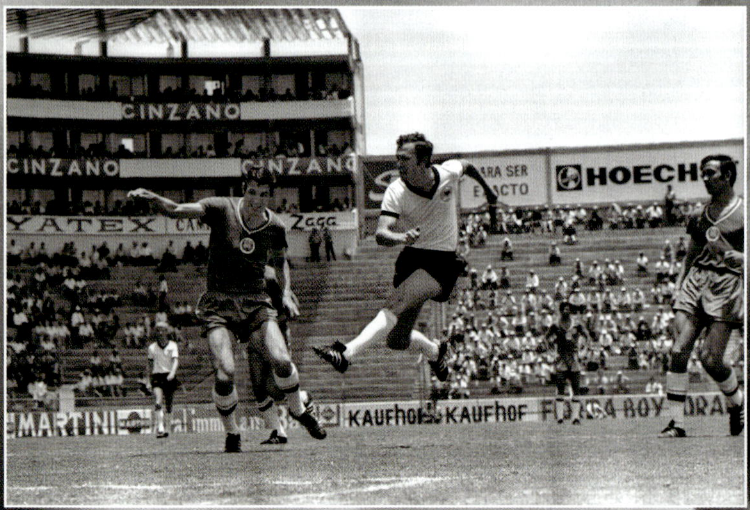

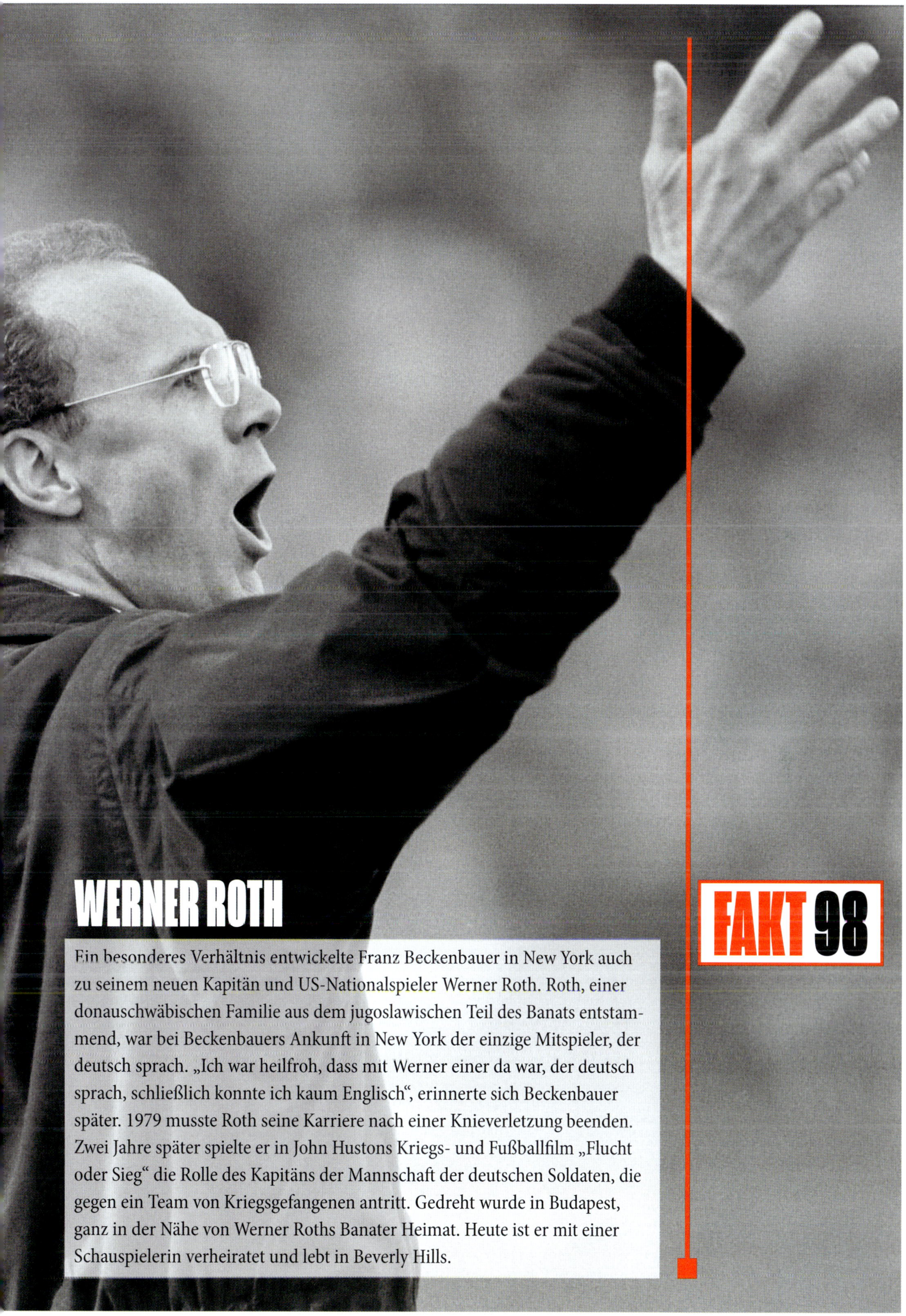

FAKT 98

WERNER ROTH

Ein besonderes Verhältnis entwickelte Franz Beckenbauer in New York auch zu seinem neuen Kapitän und US-Nationalspieler Werner Roth. Roth, einer donauschwäbischen Familie aus dem jugoslawischen Teil des Banats entstammend, war bei Beckenbauers Ankunft in New York der einzige Mitspieler, der deutsch sprach. „Ich war heilfroh, dass mit Werner einer da war, der deutsch sprach, schließlich konnte ich kaum Englisch", erinnerte sich Beckenbauer später. 1979 musste Roth seine Karriere nach einer Knieverletzung beenden. Zwei Jahre später spielte er in John Hustons Kriegs- und Fußballfilm „Flucht oder Sieg" die Rolle des Kapitäns der Mannschaft der deutschen Soldaten, die gegen ein Team von Kriegsgefangenen antritt. Gedreht wurde in Budapest, ganz in der Nähe von Werner Roths Banater Heimat. Heute ist er mit einer Schauspielerin verheiratet und lebt in Beverly Hills.

FAKT 99

WM-BILANZ ALS SPIELER

Als Spieler nahm er an drei Fußballweltmeisterschaften teil, absolvierte 18 Spiele und schoss dabei fünf Tore. Nur eines der bei den drei Turnieren möglichen 19 Spiele verpasste er verletzt mit dem im Halbfinale gegen Italien gebrochenen Schultergelenk: das Spiel um den dritten Platz gegen Uruguay 1970. Jupp Derwall soll geplant haben, den damals 35 Jahre alten Beckenbauer ins WM-Aufgebot für 1982 zu berufen, falls der die Rückrunde beim HSV bei guter Form und unverletzt überstünde. Dazu kam es nicht, Beckenbauer konnte in der Saison 1981/82 nur zehn Mal auflaufen.

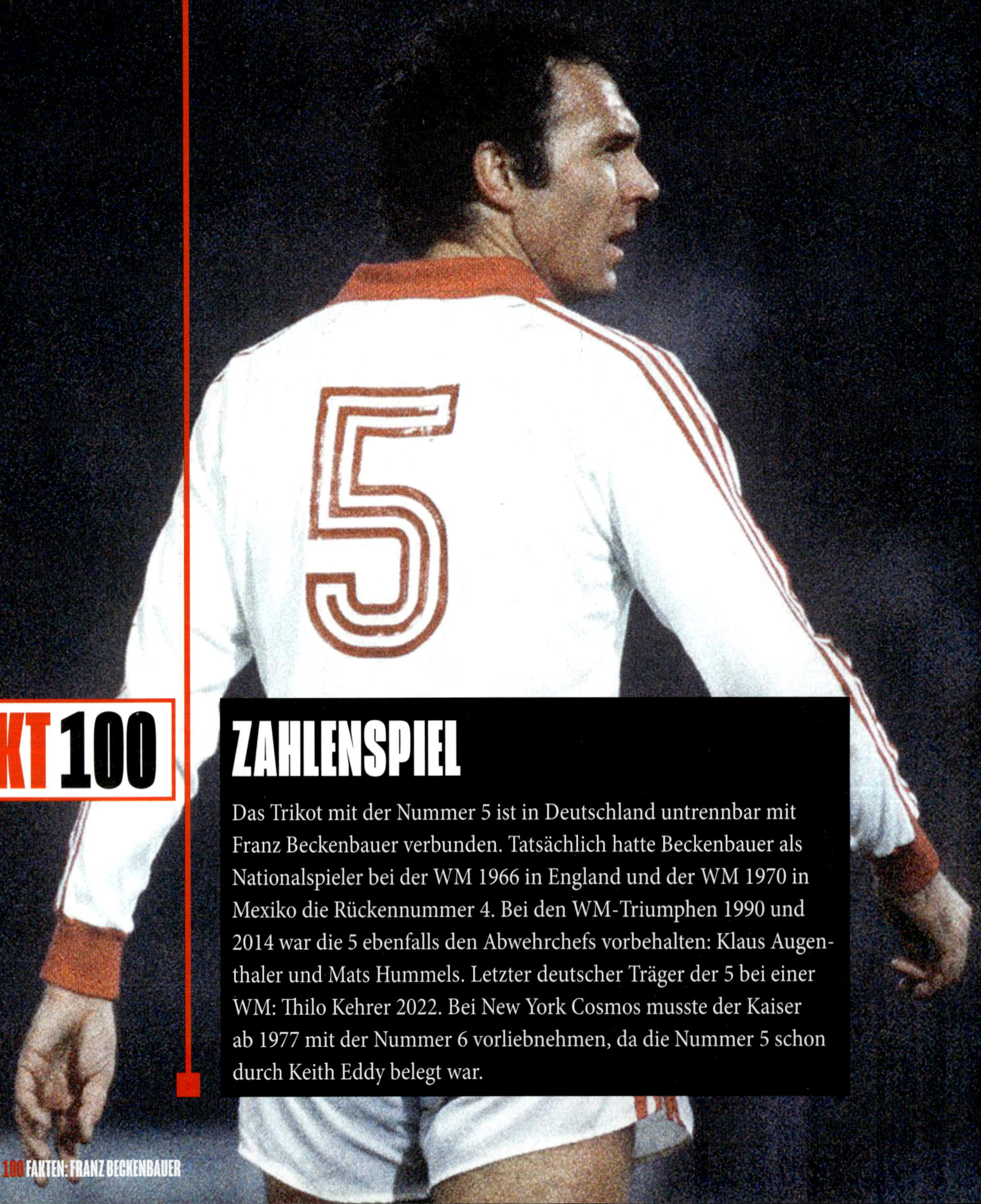

FAKT 100

ZAHLENSPIEL

Das Trikot mit der Nummer 5 ist in Deutschland untrennbar mit Franz Beckenbauer verbunden. Tatsächlich hatte Beckenbauer als Nationalspieler bei der WM 1966 in England und der WM 1970 in Mexiko die Rückennummer 4. Bei den WM-Triumphen 1990 und 2014 war die 5 ebenfalls den Abwehrchefs vorbehalten: Klaus Augenthaler und Mats Hummels. Letzter deutscher Träger der 5 bei einer WM: Thilo Kehrer 2022. Bei New York Cosmos musste der Kaiser ab 1977 mit der Nummer 6 vorliebnehmen, da die Nummer 5 schon durch Keith Eddy belegt war.